目次

まえがき	5
第1章　フッガー・ヴェルザーの本拠地アウクスブルク	11
1-1　ロマンティック街道の最古の都市	11
1-2　古代ローマ都市から帝国都市へ	12
1-3　駅前通り〜市庁舎〜大聖堂	14
1-4　フッガー邸〜聖ウルリヒ・アフラ教会	18
1-5　聖アンナ教会〜ヴェルザー邸	23
1-6　SDGsの都市へ	27
カフェー・パウゼ①　アウクスブルクの給水管理システム	32
第2章　フッガー家とヴェルザー家の社会的上昇	35
2-1　フッガー家の社会的上昇	35
2-1-1　手工業者から大商人へ	36
2-1-2　「フッガー家の時代」	38
2-1-3　土地所有貴族へ	43
2-2　ヴェルザー家の社会的上昇	45
2-2-1　市政の担い手から大商人へ	46
2-2-2　国際金融業者から貴族へ	49
カフェー・パウゼ②　フィリピーネ・ヴェルザーとアンブラス城	51
第3章　フッガーとヴェルザーの海外進出	57
3-1　「フッガー・ヴェルザー体験博物館」の成り立ち	58
3-2　ヴェネツィアから世界へ：東方貿易〜東インド貿易	60
3-3　ヴェルザーのベネズエラ経営	63
3-4　「黄金の書斎」にて：フッガーとヴェルザーの対談	67

3-5　帝国都市アウクスブルク	*68*
3-6　鉱山業と大西洋三角貿易	*69*
3-7　過去の教訓と未来への扉	*73*
カフェー・パウゼ③　フッゲライ（Fuggerei）	*75*
あとがき	*79*
主要参考文献一覧	*83*

○掲載した写真は出典記載のない限り、全て筆者撮影
○表紙写真（左上から時計回り）：ペルラッハ塔と市庁舎、ヘルクレスの噴水、織布工ツンフト会館、フッガー邸、ヴェルザー邸、大聖堂
○背表紙写真（左上）：フッゲライ内のヤーコプ・フッガー銅像
　（左下、右下）：フッゲライの一角と「永遠」のロゴモニュメント
○表紙・背表紙地図：ドイツの地図学者マルティン・ヴァルトゼーミュラーの世界地図（1507年）　2005年、ユネスコ「世界の記憶」に登録

まえがき

　フッガー家とヴェルザー家は、ドイツ南部バイエルン州の古都アウクスブルクを本拠に、16世紀には大商人・国際金融業者として活躍した一族です。両家について、ドイツをはじめ、ヨーロッパでは有名で、近年「16世紀はフッガー・ヴェルザーの時代」といわれています。日本では、フッガー家の名前は聞き覚えがあるものの、ヴェルザー家はほぼ初耳ではないでしょうか。フッガー家についても、近年、世界史の学習指導要領が変わり、近現代史が重視されるようになったため、中世から16世紀のヨーロッパの歴史に関心がない限り、その詳細は知られていないように思います。「フッガー・ヴェルザーの時代」の日本は、織田信長の生きた時代に当たります。

　両家と同時代に活躍した大商人として、フィレンツェのメディチ家があります。メディチ家は、日本でのイタリアブーム（1980年代の「イタリア料理」、「ティラミス」など食文化に始まる）の影響で、ルネサンス芸術の保護者という観点から、各種メディアで頻繁に特集されました。2001年に公開された映画『冷静と情熱のあいだ』（中江功監督、竹野内豊×ケリー・チャン主演）の大ヒットも、舞台となったフィレンツェやミラノをはじめイタリアへの関心を高めたといえるでしょう。メディチ家は、教皇や君主（トスカーナ大公国）を輩出し栄華を極めた後、すでに断絶していますが、フッガーとヴェルザーの両家は現在もなお存続しています。

　フッガー家は、当時、数字を見る限りでもメディチ家を凌ぐ力を持っていました。フッガー家は商社を経営し、ヨーロッパを越えて中南米、インド、アジアとのグローバルな取引を行いました。フッガーの商社の最大営業資本は、およそ510万グルデン（1546年）で、この値はメディチの商社の5倍に当たります。

当時、一般市民は50グルデンあれば1年間生活できたといわれています。一方、ヴェルザー家もまた商社を経営し、ドイツ人として初めて、南米（現在のベネズエラおよびコロンビアの一部）の開拓・経営を行うほどの経済力を持っていました。

16世紀のアウクスブルクには、名声ある多くの大商人が現れたのですが、フッガー家とヴェルザー家は別格でした。両家の名声は、1519年に行われた皇帝選挙の融資とヴェルザー家のベネズエラ経営に因るものです。皇帝選挙では、フッガー家の「富豪」ヤーコプ・フッガー（1459-1525）を筆頭に、ヴェルザー家と3名のイタリアの銀行家とともにおよそ85万グルデンを融資し、カール5世（＝スペイン国王カルロス1世）が皇帝に選出されました（対立候補はフランスのフランソワ1世）。やや細かい数字になりますが、この選挙資金の内訳は、ヤーコプ・フッガーのみでおよそ54万グルデン、ヴェルザーでおよそ14万グルデン、3名のイタリアの銀行家（フィリッポ・グァルテロッティ、ベネデット・デ・フォルナーリ、ロレンツォ・デ・ヴィヴァルディ）で総計およそ16万グルデンとなっており、ヤーコプ・フッガーの「個人マネー」が際立っています。これがヤーコプの呼び名「富豪」の所以です。

一世を風靡したフッガー家とヴェルザー家ですが、両家の出自は全く異なっています。フッガー家は農民出身で、織布工として生計を立て、14世紀半ばにアウクスブルク近郊のグラーベン村からアウクスブルクに移住し、都市内で地位を確立しました。一方、ヴェルザー家は、都市内で最も高い伝統的な身分の一族で、アウクスブルクが中世都市として確立した頃（13世紀）から市政を担い、市長を何度も輩出した都市エリートでした。フッガー家が移住して、商業が軌道に乗った頃（15世紀半ば）から、両家は商業上のパートナーとして良きライバル関係を築きました。

両家を語るには、その本拠地アウクスブルクとの関係が重要です。大商人として成功するためには、都市内での地位を確立させる必要がありました。その点、ヴェルザー家は都市内で最も高い身分の出自であったので、ヴェルザー家よりも農民出身のフッガー家が都市内でどのように地位を確立したのかに関心が集まるように思います。フッガー家は、アウクスブルクに移住して約1世紀後に、大商人としての地位を確立し、その財力で時の皇帝、諸侯、教皇たちを操り、貴族の身分（伯Graf<small>グラーフ</small>および侯Fürst<small>フュルスト</small>）まで獲得しました。ドイツ国内において、農民出身で侯まで上昇した一族は、フッガー家以外には聞きません。

　フッガー家は経済的な活躍だけでなく、社会福祉の点で高く評価されてきました。アウクスブルクの都市内には、「富豪」ヤーコプによって世界最古の福祉施設として名高い「フッゲライ（Fuggerei）」が建てられ（1521年）、2021年に500周年を迎えたところです。フッゲライには年間わずか0.88ユーロ（建設当時と変わらない貨幣価値）の家賃を払って、生活に困窮している市民たちが暮らしています（カフェー・パウゼ③：フッゲライを参照）。

　この時点ですでに、ヴェルザー家よりもフッガー家の大きさや意義が際立って見えるのではないでしょうか。これには、フッガーとヴェルザー両家の研究蓄積の違いや、ヨーロッパ中心史観に対する近年の歴史叙述の評価の見直しや修正が関係しています。フッガーの研究は、19世紀末にドイツの経済史家エーレンベルクによって始まり、フッガー家がアウクスブルクの商人のなかで最も際立った存在であったことから、「16世紀はフッガー家の時代」といわれました。16世紀は、封建制の残る中世から近代への過渡期にあり、資本主義の芽生えの時期です。この「初期資本主義」時代の研究は、日本では1960年代の高度経済成長期に流行し（「大塚史学」の祖、経済史家の故・大塚久雄や諸田實をはじめとする研究）、時代背景に合わせて、フッガー家を「財閥」と捉え、農村か

ら都市へ移住後の短期間での社会的・経済的上昇に関心が寄せられました。

　エーレンベルクの研究によれば、ヴェルザー家は「(フッガー家と) その他のアウクスブルク商人」の位置付けでした。ヴェルザーの商社は破産 (1614年) に伴って商業文書を紛失するなど、史料の保管状況に問題があったので、長い間研究対象にはなりませんでした。ヴェルザーの研究は、1990年代に文書の一部が発見された後、今世紀に入り本格的に開始されたところです。その結果、ヴェルザー家はこれまで過小評価されていたと指摘され、特に、商業活動の分析によって、バイエルン州のアルゴイ地域から北イタリアを含むティロール地域までの織物 (亜麻布やバルヘント織) の経済圏がより明らかになりました。次に着手された研究は、ヴェルザー家のベネズエラ経営でした。国際商業史の分野等で、「グローバル化」をキーワードに、ドイツとラテンアメリカの研究が進み、アウクスブルクの商人たちの海外進出についても関心が高まっていました。

　しかし、ヴェルザー家のベネズエラ経営に関する研究が、ヨーロッパ中心史観そのものであると批判を受けることになります。ヴェルザーとフッガーの海外進出は1504年、両家は中南米に進出した最初の「ドイツ人」であったことから、その功績をたたえ、2014年9月末、アウクスブルク都市内に「フッガー・ヴェルザー体験博物館」が開館しました。展示内容は、これまでのフッガー・ヴェルザー研究の成果で、歴史家の監修を得たものでしたが、この内容が来場者のみならず、SNSを通じて世界中から批判されることになりました。この批判を受けて、博物館はコロナ禍の外出禁止期間に展示内容を刷新しました。内容が特に変更されたのは、両家の鉱山業に関する展示とヴェルザー家のベネズエラ経営についてです。本書を執筆するにあたって、今夏 (2024年)、9年ぶりにアウクスブルクを訪れたのですが、この博物館の展示のみならず、教会の宗教

改革に関する展示も一新され、建造物のリノベーションも進んでいました。

　フッガー家が急速な発展を遂げた理由や方法に関心を持ち、研究を開始してから20余年になります。歴史叙述の評価の見直しと修正は近年、「16世紀はフッガー・ヴェルザーの時代」として、両家がいかに大きな存在であったのかを経済史的に提示するのみでは足りず、両家の意義を現代社会へと繋げて考えることが重視されるようになってきました。その研究成果は次のように現れています。16世紀は、ヨーロッパにおける社会変容の時代で、現代まで続く新たな仕組み（資本主義、近代世界システム）が構築されました。この土台を形成したのはフッガー家とヴェルザー家で、現在のEU経済圏の基盤は、フッガーの商社の支店網と経済システムによることが浮き彫りにされてきています。そのため、フッガー・ヴェルザーの両家から、16世紀のルネサンス、宗教改革、大航海時代の諸相を明らかにすることで、ヨーロッパ中心史観の見直しや現代社会の抱える問題解決へと繋がっていくでしょう。このことは、近代以来、欧米の影響を受けている日本の人々にとっても決して他人事とは言えず、欧米化の影響を考える機会になるのではないでしょうか。

　研究蓄積や歴史叙述の見直しと修正についての複雑な話をしましたが、まずは、本書はアウクスブルクとフッガー・ヴェルザー両家の案内書にしたいと思っています。その魅力を伝えるために、写真や地図を豊富に掲載しました。難解なヨーロッパ中世・近世都市社会の仕組みや専門用語も登場することになりますが、なるべく平易に説明することを心掛け、特筆すべき事柄は3本のコラム（カフェー・パウゼ）にまとめました。まず、第1章では、フッガー家とヴェルザー家の本拠地アウクスブルクについて、その見所を写真とともに紹介します（**地図1：アウクスブルクの地図**を参照）。

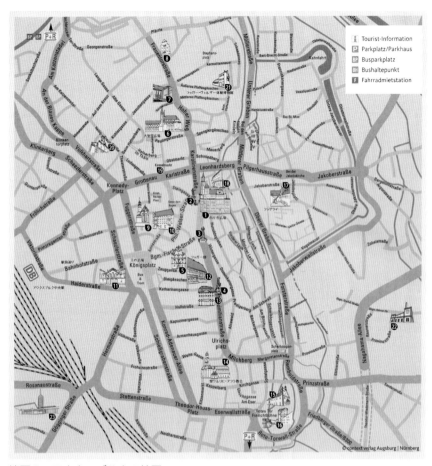

地図1：アウクスブルクの地図

①市庁舎とペルラッハ塔
②アウグストゥスの噴水
③メルクリウスの噴水
④ヘルクレスの噴水
⑤旧・武器庫（ローマ博物館）
⑥大聖堂
⑨聖アンナ教会
⑩マクシミリアン博物館
⑫フッガー邸
⑬シェッツラー宮殿
⑭聖ウルリヒ・アフラ教会
⑯給水管理システム・赤い門
⑰フッゲライ
㉑フッガー・ヴェルザー体験博物館

第1章　フッガー・ヴェルザーの本拠地アウクスブルク

1-1　ロマンティック街道の最古の都市

　アウクスブルクは、ミュンヘンから特急列車ＩＣＥ（イーツェーエー）で30分程の、日本で人気の高いロマンティック街道（1950年発足。現在、ドイツに150以上ある「観光街道」の1つ）沿いにあります。この街道沿いには、ローテンブルク、ディンケルスビュール、ネルトリンゲン、ドナウヴェルトなど、中世の面影を残す、今では小さいながらも、南ドイツらしい赤い屋根の続く都市が続いています。なかでも、「フッガー家の都市」として知られるアウクスブルクは、古代ローマ帝国の時代に築かれた最も古い都市のひとつです。起源は紀元前15年、ローマ帝国の初代皇帝アウグストゥス（前63－後14年）によって、この地に軍隊の宿営地が築かれたことにあり、「アウクスブルク」とは皇帝の名前に由来します。ところで、地名や名前のカタカナ表記は難しいものですが、よく「アウグスブルグ」と「ク」に濁点の付いた表記を目にします。ドイツ語の発音通りに読むと「Augsburg」は「アウクスブルク」と濁点は付かず、「グス」になる場合はスペルが「Augusburg」になります。実はドイツ語のスペルミスも見かけるほどですが、現地での発音は、頭（第一音節）にアクセントを置いて「アウクスブルク」です。近年の日本のガイドブックでは「アウクスブルク」と表記されているものも見かけますので、さらに浸透することを願っています。

　アウクスブルクは、レヒ川とヴェルタハ川の合流地点にあります。都市南部に拡がる森から、この2つの河川の支流が都市内に流れ込み、中世の時代（少なくとも13世紀）には上下水道が完備されていました。産業革命期には、水力を使って水を運ぶ、世界最初の水力発電も行われ、時代ごとの「給水管理シス

テム」が2019年にユネスコ世界文化遺産に登録されました（**カフェー・パウゼ①：アウクスブルクの給水管理システム**を参照）。現在は「世界遺産の都市」としても観光客を集めています。アウクスブルクの観光案内には、「手工業者の都市」、「宗教改革（ルター）の都市」、「モーツァルトの都市」、「ルードルフ・ディーゼル（ディーゼル機関開発）の都市」、「ベルトルト・ブレヒト（劇作家・演出家）の都市」などもあり、各々のテーマに沿って見所を回れるように工夫されています。

1-2 古代ローマ都市から帝国都市へ

　紀元30～40年頃、アウクスブルクは、当初の軍隊の宿営地の近くにローマ人の集落が誕生しました。この集落は、タキトゥスの『ゲルマニア』のなかで「ラエティア州の最も壮麗なる植民市」と記されています。1世紀末には、ラエティア州の政治と経済の中心都市となり、「ヴィア・クラウディア」（クラウディウス帝の道）が完成し、ヴェネツィアをはじめとする北イタリアの諸都市と結びついて交易が行われました。アウクスブルクの都市内から、ぶどう酒の樽を浮彫りにした墓石（2世紀）など、古代ローマ時代の多くの遺跡が出土しています。

　アウクスブルクからアルプスを越えてアドリア海へ至る道は二通りありました。一つは古代ローマ時代に開通し、フュッセン（ノイシュヴァンシュタイン城の麓）を通りレッシェン峠を越え、ボーツェン、トリエント、ヴァルスガーナを経由する交通路（約620km）で、もう一つは、インスブルック（オーストリア）を通り、2世紀に開通したブレンナー峠を越えて、コルティーナ・ダンペッツォ（2026年冬季オリンピック開催予定地）、コネリアーノ、トレビソを経由する交通路（約520km）です。当時、ブレンナー峠を越えるには、騎馬で片道10日がかりでした。古代ローマ都市の時代は、およそ400年続いた後に、ゲル

マン人の南下を経て(450年頃)一旦、閉幕します。アウクスブルクが再び歴史の舞台に登場するのは、それから300年後のことで、司教都市として発展していきました。ヨーロッパの都市を訪れると、教会のない都市はなく、多くの都市で中心の広場に市庁舎や教会があることに気付くでしょう。ヨーロッパの中世都市の成り立ちは、都市によって様々ですが、自然発生的な都市と封建領主によって建設された都市に分けられます。アウクスブルクの場合、古代ローマ時代が終わると、少なくとも8世紀に司教座(大聖堂)の最古の記録が残っていて、11世紀には、司教座、修道院、商人の集落が自然発生的に形成されていったことが分かっています。この3つの集落は、12世紀末までに市壁で一つに囲まれました。ヨーロッパの中世都市の特徴は、都市法を持ち、都市が市壁で囲まれていることにあります。アウクスブルクの市壁は、現在は取り払われて環状道路が敷かれていますが、ロマンティック街道沿いのローテンブルクやネルトリンゲンには市壁が残されていて、市壁に沿って歩いて一周することもできます。ローテンブルクは第二次大戦の爆撃で被害に遭い、再建された市壁ですが、ネルトリンゲンは過去の戦火を免れてきた中世以来の市壁が遺されています。

ネルトリンゲン市壁

聖ゲオルク教会の塔(ダニエル)からの眺め

アウクスブルクは、司教、修道院長、商人（手工業者）の権力争いのもと、自由都市へと発展していきます。商人や手工業者は、市民団体を結成し、市政を運営して領主である司教からの完全な独立を目指しました。結局、14世紀に神聖ローマ帝国の皇帝が司教の権利を取り上げて、アウクスブルクは帝国直属都市となりました。神聖ローマ帝国において、「帝国都市」は都市の最上位で、帝国議会に都市代表（書記）を送る権利を持っていました。アウクスブルクは、同じバイエルン州のニュルンベルクと並んで神聖ローマ帝国を代表する最も大きな帝国都市の一つとして発展していったのです。

　この頃、ヴェルザーの一族は、アウクスブルクの市政を担って、市長を輩出していました。市政を担っていた人々の多くは、商人として生計を立てていました。中世以来、南ドイツの商人たちは、亜麻布、塩、銀、銅、羊毛、毛皮などを地中海地域へ輸出していました。その一方で、南ドイツにはヴェネツィアからガラス製品、フィレンツェから革製品、その他の北イタリアからレモン、イチジク、チーズなどが輸入されて、東方からは絹や絨毯、インドからは香辛料がもたらされました。イタリアからは商業のみならず、学問、芸術、生活様式がアルプスを越えてアウクスブルクにもたらされ、16世紀に「フッガー・ヴェルザーの時代」を迎えます。アウクスブルクの大商人たちは、皇帝マクシミリアン１世やカール５世との緊密な関係を築いて、アウクスブルクの輝かしいルネサンス文化（活版印刷と人文主義サークル）を開花させました。

1-3　駅前通り～市庁舎～大聖堂

　都市内にはルネサンス様式の建物が多く残されています。アウクスブルクは、第二次大戦の爆撃で甚大な被害を受けたため、再建された建物が多く、新しさも感じます。アウクスブルクの中央駅を背にして、「駅前通り」を直進し、環

状道路を越えると旧市街に入ります。環状道路がある場所にはかつて市壁がありました。旧市街に入り直進し、世界遺産に登録されている「メルクリウスの噴水」が見えたら左折して、目抜き通りの「マクシミリアン通り」に出ます。その手前、左手には織布工ツンフト会館（ツンフト＝同業者組合）、右手には聖モーリッツ教会があります。

環状道路（正面は劇場）　　　　　　メルクリウスの噴水（世界遺産）

織布工ツンフト会館　　　　　　　　聖モーリッツ教会

　左折すると、アウクスブルクの象徴である、ペルラッハ塔と市庁舎が右側に見えます。写真の正面、向かって右側が市庁舎、左側がペルラッハ塔です。ペ

第1章　フッガー・ヴェルザーの本拠地アウクスブルク　15

ルラッハ塔の建立は古く（1182年）、中世から同じ場所にあります。市庁舎も場所は同じで、ペルラッハ塔とともにこの形になったのは17世紀、当時有名な建築家であったエリアス・ホル（1573‒1646）によって改築されました。市庁舎はルネサンス様式で、楕円形の窓が特徴の重厚感のある造りになっています。市庁舎の4階には「黄金の間」があり、黄金に輝く高い天井とフレスコ画は圧巻です。ここで帝国議会や都市の上層の人々の舞踏会も開催されていました。市庁舎の屋根には青銅の松毬が付いています。松毬は、古代ローマ時代に豊穣と多産のシンボルとされ、ローマの軍隊の軍旗とトロフィーの図柄に使われると、中世の時代以降、都市の自由と独立のシンボルになりました。1237年以来、アウクスブルクの都市の紋章にはいつも松毬が使われています。市庁舎広場には、都市名の由来、「(皇帝) アウグストゥスの噴水」があり、世界遺産に登録されています。

◀左：ペルラッハ塔と右：市庁舎（ルネサンス様式）

▶1521年の地図との比較：ペルラッハ塔と市庁舎（ゴシック様式）。現在と同じ場所にある

市庁舎「黄金の間」

「黄金の間」天井（フレスコ画）

松毬グルデン・ターラー貨
（1560年）

アウグストゥスの噴水（世界遺産）

　ペルラッハ塔と市庁舎を右手に、さらに北上すると、大聖堂があります。この場所は、現在のアウクスブルク発祥地にあたります。建築は904年から始まり、身廊にはヨーロッパで世界最古のステンドグラス（11世紀後半）が現存しています。旧約聖書のレリーフが刻まれた貴重な青銅の扉もあり、この扉は隣接する「聖アフラ司教区博物館」に展示されています。歴代のアウクスブルク司教のなかでも、司教ウルリヒは、レッヒフェルトの戦い（955年）で東フランク国王（後の神聖ローマ皇帝）オットー大帝がマジャール人（ハンガリー侵攻）

第1章　フッガー・ヴェルザーの本拠地アウクスブルク　17

大聖堂外観

大聖堂内部

ステンドグラス「預言者の窓」絵葉書

ポイティンガー邸

を撃退した際の司教として知られ、アウクスブルクの守護聖人となっています。

　大聖堂の向かいには16世紀に都市書記を務めたコンラート・ポイティンガーの邸宅があります。邸宅は窓の多いルネサンス様式で建てられています。大聖堂の地区一帯は、市庁舎広場よりもさらに高台にあり、都市の上層の人々が暮らす「山の手」地区でした。ポイティンガーはヴェルザー家と関係の深い人物でもあります。

1-4 フッガー邸〜聖ウルリヒ・アフラ教会

　大聖堂広場から市庁舎広場へ戻り、マクシミリアン通りを南へ進みます。「メ

ルクリウスの噴水」を再び通過すると、右手に一際大きなルネサンス様式の建物が見えます。これがフッガー邸で、市内で最も大きな建物です。16世紀前半の建立時から現在まで同じ場所にあります。アウクスブルクには宮殿がなかったため、皇帝や諸侯が都市を訪れた際にはこのフッガー邸に宿泊していました。マルティン・ルターの審問もここで行われました。プール付きの中庭「貴婦人の庭」もあり、現在はビアガーデン（レストラン）として昼夜賑わっています。フッガー邸は1944年（2月25・26日）の空襲により破壊されましたが、1955年、中庭を含めてフッガー・バーベンハウゼンのフリードリヒ・カール侯爵により再建されました。建物内部の見学はできませんが、一階には本屋、銀細工店等

フッガー邸外観

「貴婦人の庭」

「フッガー銀行」左：閉店時　右：開店時

第1章　フッガー・ヴェルザーの本拠地アウクスブルク

と「フッガー銀行」があります。フッガー家の銀行業務は1950年代から再開しています。一日の営業が終わると、銀行入口の扉の紋章（神聖ローマ帝国の双頭の鷲）を見ることができます。

　フッガー邸を背にして右隣には、老舗の「ホテル・マクシミリアンズ」(旧「シュタイゲンベルガー・ドライ・モーレン」)、小径を挟んでホテルの隣にはシェッツラー宮殿があります。この宮殿は銀行家リーベンホーフェンの邸宅で、18世紀に建てられ、マリー・アントワネットがフランスに嫁ぐ際に訪れた「祝祭の間」があります。現在は、ルネサンス期の画家ハンス・ホルバインやアルブレヒト・デューラーの絵画を収集した州立美術館になっています。例えば、デューラー画の「富豪」ヤーコプ・フッガーの肖像画や、クリストフ・アンベルガー画のコンラート・ポイティンガーとヴェルザー家のマルガレーテの肖像画も飾られています。シェッツラー宮殿の正面、マクシミリアン通りの中央には「ヘルクレスの噴水」があり、世界遺産に登録されています。

シェッツラー宮殿とヘルクレスの噴水

ヤーコプ・フッガー肖像画

ポイティンガーとヴェルザー肖像画

ヘルクレスの噴水（世界遺産）

「ヘルクレスの噴水」の奥、マクシミリアン通りの外れに教会が二つ重なるように見えます。聖ウルリヒ・アフラ教会で、同じ敷地内にカトリックとルター派の教会がある、世界的にも珍しい建造物です。奥の高い尖塔のあるバジリカ式の大きな教会がカトリック、手前の小さな教会がルター派の教会です。当初、手前の小さな教会は、礼拝の際の「用具入れ」として使われていました。アウクスブルクは宗教改革期にカトリックとルター派が同等の権利を持つ都市になりますが、その象徴ともいうべき教会です。ここには、建立時から有名な人物が訪れています。古くは、アウクスブルク司教ウルリヒの友人でパトロンの東フランク国王（後の神聖ローマ皇帝）オットー大帝（1世）や第三回十字軍遠征を指揮した皇帝フリードリヒ1世・バルバロッサ（司教ウルリヒの崇拝者）をはじめ、16世紀には皇帝マクシミリアン1世、画家のハンス・ホルバイン父、18世紀にはヴォルフガング・アマデウス・モーツァ

聖ウルリヒ・アフラ教会外観

ルト、現代においては、連邦首相コンラート・アデナウアー（1953年6月14日党大会）、連邦初代大統領テーオドール・ホイス（1955年8月14日レッヒフェルトの戦い1000年記念）、連邦大統領リヒャルト・フォン・ヴァイツゼッカー（1994年8月8日アウクスブルクの平和の祝祭）など、錚々たる顔ぶれです。

　この二つの教会内部を写真で比較してみると（左がカトリック、右がルター派の教会）、カトリックの教会は偶像が多いのに対して、ルター派の教会は、絵画はありますが内装は質素な印象を受けます。ヨーロッパなどで教会を訪れたとき、その教会がカトリックかプロテスタントの宗派かどちらかを見極めるには、内部装飾の偶像の有無を確認します。プロテスタントの宗派であれば、聖書主義に基づくため、教会内部の装飾は質素に、偶像は少なくなっています。偶像崇拝を禁止する宗派もあり、説教壇に聖書が置いてあるのみで、全く装飾のない教会もあります。例えば、マルティン・ルターと同時代にスイスのチューリヒで活躍したウルリヒ・ツヴィングリの宗派の教会（シュタイン・アム・ラインの聖ゲオルク修道院付属教会）や、ジャン・カルヴァンの影響を受けたオランダの改革派の教会（ユトレヒトのドム教会）内部と、カトリックのイエズス会の教会（スイスのルツェルン聖フランシスコ・ザビエル教会）の内部を比

聖ウルリヒ・アフラ教会内部比較　左：カトリック、右：ルター派

| シュタイン・アム・ラインの教会 | ユトレヒトの教会 | ルツェルンの教会 |
| (ツヴィングリ派) | (改革派) | (イエズス会) |

べると一目瞭然であると思います。特にイエズス会の教会は、内部装飾を華麗にすることで権力を誇示していました。

1-5 聖アンナ教会～ヴェルザー邸

　ルターは、アウクスブルクの聖アンナ教会も訪れました。聖アンナ教会は、旧市街に入ってすぐ左の小径「アンナ通り」を進むと左手にあります。宗教改革の影響を受けて、現在までルター派の教会ですが、内部にはカトリックのフッガー家の礼拝堂があり、ここに「富豪」ヤーコプも眠っていることになっています（実際、墓所は不明のまま）。墓碑銘の刻まれた銘板には、4箇所に真鍮の装飾があります。2階はルターの宗教改革記念室になっており、当時の時代背景と、ルターの宗教改革について学ぶことができます。2006年に訪れた際には、ルターの滞在した部屋が再現され、ルター訳聖書や「アウクスブルクの信仰告白」（1530年）が展示されているのみでしたが、展示は一新されて、最新式の

音と映像を使い、タッチパネルを採用するなど、子どもから大人まで理解できるように工夫されていました（言語はドイツ語と英語併記）。展示が一新されたのは、2017年の宗教改革500周年に先駆けた2014年のことで、今年で早くも10年が経っていました。

聖アンナ教会外観

ルター記念室入口

フッガー家の礼拝堂

フッガーの墓碑名の銘板

聖アンナ教会のある「アンナ通り」からルター広場に出て、道なりに進むと「フッガー広場」に出ます。ここには、ハンス・ヤーコプ・フッガー（「富豪」ヤーコプの一世代下、遠い親戚にあたる）の銅像があり、1857年にバイエルン国王ルートヴィヒ1世により寄贈されました。現在、ミュンヘンのレジデンツにある「骨董の間」と「バイエルン公の図書館」は、ハンス・ヤーコプの収集品・蔵書に由来しています。そのため、ハンス・ヤーコプは「バイエルン王国の文化と芸術に寄与した人物」として称えられたのですが、実際は趣味の骨董品収集の度が過ぎて破産（1563年）し、フッガーの商社内外

ハンス・ヤーコプ・フッガー銅像（背後の建物は1738／39年建立の「市長の館」）

で問題になった人物でもあります。ハンス・ヤーコプの窮地を救ったのは、彼の「友人」バイエルン公アルブレヒト5世でした。この事実を知ったうえで銅像を見上げると、「人脈、資金、コネ」などの言葉が浮かび上がります。

　この銅像を背にして左手にマクシミリアン博物館、右手にヴェルザー邸があります。ヴェルザー邸があるため、通り名は「フィリピーネ・ヴェルザー通り」ですが、「フッガー広場」に隣接しています。先に見たポイティンガーの館と同じルネサンス様式の建物で、フッガー邸と比べてしまいますが、こちらも大きな建物です。フィリピーネ・ヴェルザーは、ティロール大公フェルディナントと極秘結婚（身分が異なるため）し、ヨーロッパ最古の料理本を執筆した人物として知られています（**カフェー・パウゼ②フィリピーネ・ヴェルザーとアンブラス城**を参照）。

第1章　フッガー・ヴェルザーの本拠地アウクスブルク　25

◀ヴェルザー邸

▶フッガー広場（右の建物はマクシミリアン博物館）

　ルネサンス様式の建物は、他にも、フッガー邸の裏手にある旧・武器庫（現在は、古代ローマ博物館が移転中）や、給水管理システムと関連する二つの施設、肉屋ツンフト会館（レヒ運河上にあり地階は貯水槽の役割）と旧市街の南端にある赤い門（ローテス・トーア、1416年～現存するヨーロッパ最古の給水塔の一つ）などもあり、17世紀にエリアス・ホルによって改築されました。

旧・武器庫　　　旧・肉屋ツンフト会館　　　給水塔・赤い門
　　　　　　　（現在は市役所）　　　　　（世界遺産）

1-6 SDGsの都市へ

　現在のアウクスブルクは、人口30万超、市内にはトラムも行き交い、人々の活気に溢れて、治安上、昼夜問わず一人歩きも可能な居心地の良い都市です。旧市街の建物はルネサンス期に建立されたものが多く、文化財保護のもと、リノベーションを重ねて活用されてきました。先に登場した「フッゲライ」と「フッガー・ヴェルザー体験博物館」もまた、ルネサンス期に建設されました。特に「フッゲライ」は500年以上、現役の施設であって、現在のSDGsの取り組みにも通じます。

　次章では、フッガー家、ヴェルザー家の社会的上昇の過程をアウクスブルクの都市史やヨーロッパの歴史的事象と関連させつつ紹介します（フッガーの系図およびヴェルザーの系図を参照）。

駅前通りを走るトラム（2014年ワールドカップ時のドイツ国旗仕様）

フッガー家の系図 (15−17世紀)

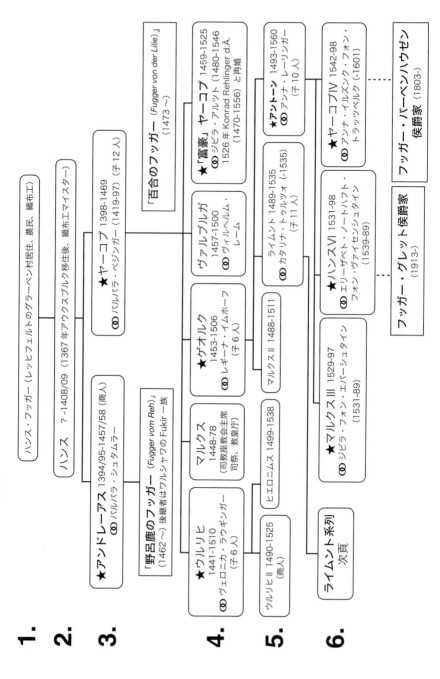

[ライムント系列] (抜粋)

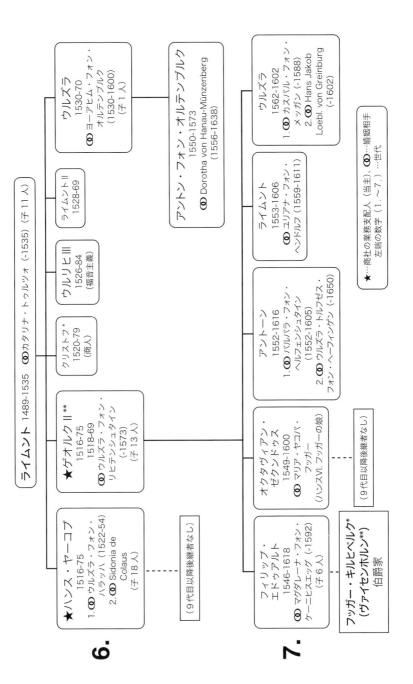

ヴェルザー家の系図 (15—17世紀)

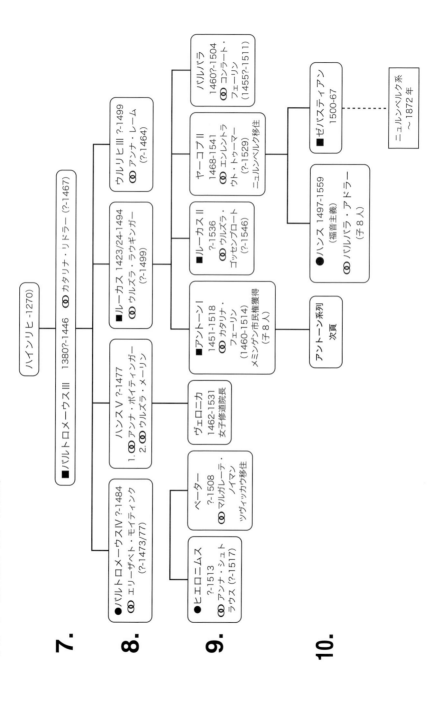

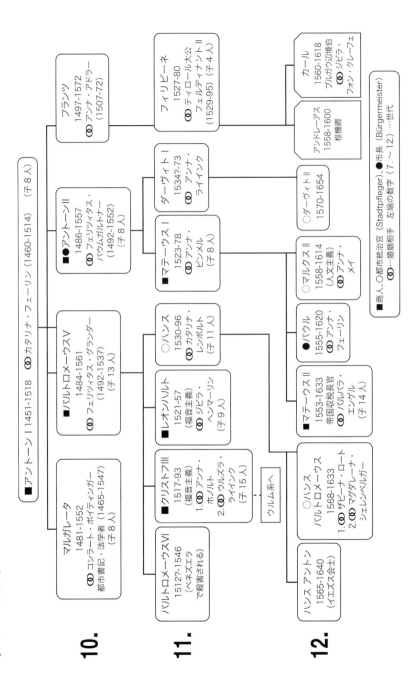

― カフェー・パウゼ① ―　**アウクスブルクの給水管理システム**

　アウクスブルクは、中世より上下水道を区別しており、「水の先進都市」としても知られる。700年に渡って築かれた22の水の仕かけは、2019年、「給水管理システム」としてユネスコ世界文化遺産に登録された。アウクスブルクはレヒ川とヴェルタハ川の合流地点にあり、この水を巧みに利用し、商工業都市へと発展したのである。レヒ川はドナウ川の支流であり、アルプス山脈を水源とする。1346年以来記録されている「ホッホアプラス」（取水ダム）において、レヒ川の水を堰き止め、レヒ運河が開通した。レヒ運河の入口は、現在、カヌーコースにもなっており、ミュンヘンオリンピック（1972年）の際にはカヌー競技の会場にもなった。ここは元来、「アイスカナル」と呼ばれ、冬季に入ってきた水を誘導し、氷をレヒ川に戻す仕組みになっていた。

　市内には中世以来、レヒ運河の水路が敷かれ、現在も建物や道路の下に見え隠れしながら続いている。手工業者が多く住んでいた地区（聖ウルズラ教会～フッゲライ辺り）には、当時の水車も残っている。ドイツでは、アウクスブルクほど運河の多い都市はないといわれており、市内にある500以上の橋の数は、「水の都」として有名なヴェネツィアよりも多い。

市内を流れる水路（聖ウルズラ教会地区）

市内には飲料水の井戸も点在する

▲聖ウルズラ教会近隣の水車

▼フォーゲル門脇の水路

　市内の目抜き通り「マクシミリアン通り」には、3つの噴水（アウグストゥス、メルクリウス、ヘルクレス）があり、設置当初は飲料水であった。この水は、レヒ運河とは別の水源から来ており、アウクスブルク郊外に拡がる森（都市林・自然保護区）の湧き水で、600年前の水道「ガルゲンアプラス」（水の立体交差点）に由来する。この堰で、飲料水（湧き水）は地下を、小川の水は上を通るように分離して、飲料水と混ざらないようにしていた。この水路は、アーチが特徴の「水道橋」を経由し、5キロ離れた都市まで流れ込み、市内の南端にある「給水塔」（ローテス門）へ辿り着く。1416年以来、水は「給水塔」から市内へ供給されていた。流れ込んだ水は、塔の地下から最上階の貯水槽へ押し上げられた後、10メートルの高さから落下され、都市の地下の水道管（松の木をくり抜いたもの）を通り、各戸へ供給された。16世紀「黄金のアウクスブルク」の時代、マクシミリアン通りには、フッガー家をはじめ富裕層が暮ら

していたが、個人の家に水道を敷くには、市民の収入の4倍の契約料が必要であった。また、アウクスブルクの市庁舎広場は高台にあるため、水を押し上げるには工夫が必要であった。「給水塔」の仕組みは「水力を使って水を運ぶ」という、水の技術者たちの独創的なアイディアに因る。

給水塔（ローテス門）と旧・聖霊施療院（現・マリオネット劇場）

> 施療院や病院は、都市の水辺に建てられることが多かった。中世には治療として「隔離」が一般的で、特にアウクスブルクでは、衛生のために水が必要と考えられていた。

産業革命期、都市には70の水力発電所が設立された。「ゼンゲルバッハ水力発電所」（1865年）は、設立当初から運河の水でタービンを回し、現役の施設である。1879年、レヒ運河の入口に「ホッホアプラスの給水場」が建設された。動力は運河の水の流れを利用し、水の力で巨大な歯車を動かし、水圧を与え勢いをつけて清潔な地下水を汲み上げる。これは当時、「ヨーロッパで初めて給水塔を使わないシステム」としてセンセーショナルであった。1900年代には、市内のトラム（路面電車）も水力発電で走るようになった。「ヴォルフツァーナウ水力発電所」（1903年）は、7メートルの水位の差を利用し発電しており、現役の施設である。

「ホッホアプラスの給水場」（給水管理システムのHPより）

第2章　フッガー家とヴェルザー家の社会的上昇

2-1　フッガー家の社会的上昇

　フッガー家の先祖は、グラーベン村に住み亜麻布とバルヘント織（綿と麻の混紡、シュヴァーベン地域の特産品）で生計を立てていた農民でした。グラーベンは、古代ローマ街道に沿って、アウクスブルクからおよそ20キロ南下したレッヒフェルトにあります。1367年、フッガー家の2代目ハンス（？－1408/09）はアウクスブルクへの移住を決めました。中世ヨーロッパにおいて、商業や手工業を営む人びとにとって、都市には農村よりも多くの自由と発展の可能性があると期待されていました。当時、商人が大商人になるための上昇経路は、以下が一般的でした。まず、農村の手工業者が都市へ出てツンフト（同業者組合）に加入しツンフト手工業者となります。次に、ツンフトマイスターへ上昇する頃には遠隔地貿易（ヴェネツィアを拠点とする東方貿易）をはじめて、遠隔地商人となり、都市内での身分も上昇します。大商人になると、諸侯や皇帝への融資（金融業）をはじめることが多く、最後に、その見返りで皇帝などから貴族身分を授与され、土地所有貴族（Adel）へ昇進するという経路です。フッガー家は、まさにこの上昇経路を辿っています。

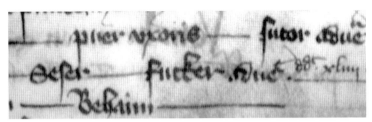

下から2行目中央に「フッガー advenit（入市）」とある。市民台帳の記録

1367年	2代目ハンス、アウクスブルク移住→織布工ツンフトに加入
1386年	織布工ツンフトマイスターへ上昇
1400年	3代目アンドレーアスとヤーコプ、商社を設立し、織物の販売を開始
1463年	商人ツンフトへ移り、ヴェネツィアとの遠隔地貿易を開始
1466年	アウクスブルクの納税者中第7位を記録
1473年	皇帝フリードリヒ3世により、「百合のフッガー」に紋章を授与
1490年頃～	ティロール鉱山業を請負う
1511年	「富豪」ヤーコプ、貴族身分を得る
1514年	「富豪」ヤーコプ、伯（Graf）へ昇進
1538年	アウクスブルクの「都市貴族（Patriziat）」へ上昇

2-1-1 手工業者から大商人へ

　都市に出て市民になるためには、「1年と1日」移住希望の都市で善行を保持することが必要で、これにより市民権を得ることができました。都市加入条件と「1年と1日」の期間は、都市ごとに異なっていましたが、アウクスブルクの場合、いずれかのツンフトに加入し、住民税とその他の税金（帝国都市のため軍備義務があった）を支払う必要がありました。都市に移住したくても、経済的に厳しいと難しかったことになります。農民は貧しい印象もありますが、ハンス・フッガーはそうではなく、都市に移住するためにある程度の経済力を付けていたと考えられます。

　ハンス・フッガーはアウクスブルクに移住し、織布工ツンフトに加入しました。アウクスブルクでは、同業者組合であるツンフトが17に組織されていました。例えば、商人ツンフト、塩運送業者ツンフト、小売商ツンフト、パン屋ツンフト、大工ツンフトなど手工業の職種ごとの名称になっていますが、その職種以外の人も加入することができました。ハンス・フッガーは、織物業を営んでいたため、はじめは織布工ツンフトに加入しましたが、後の世代に親族会社

を設立してから、フッガー家は商人ツンフトに移っています。ハンス・フッガーが移住してきた頃、アウクスブルクは帝国都市として「自由と自治」を付与されており、市民が市政を担っていました。市政の担い手が、1368年にツンフトに移ったところで、市民には参政権があり市長もツンフトから選出されました。そのため、次第に市長を輩出する有力なツンフトと政治的に弱いツンフトが生まれました。アウクスブルクで最も権力のあるツンフトは商人ツンフトであったため、都市内で上昇するためには、商人ツンフトに所属することが重要であったわけです。

　ハンス・フッガーが1408年に亡くなる少し前に、その息子たち、フッガー家の3代目にあたるアンドレーアス（1394-1457）とヤーコプ（1398-1469、「富豪」ヤーコプの父）は、商社を設立し、1454年に暖簾分けがなされました。商社には次の代に皇帝から紋章を授与され、その図柄によって、アンドレーアスの家系は「野呂鹿のフッガー」、ヤーコプの家系は「百合のフッガー」と呼ばれています。「野呂鹿のフッガー」は、アンドレーアスの息子ルーカスの代に、南はヴェネツィア、北はネーデルラントからポーランドに至るまで商取引を拡大し、一時は栄えたのですが、まもなく破産しました（1494年）。ただ、その末裔は、現在もポーランドのワルシャワに「フキール」（フッガーのポーランド語）として残っています。

　一方、「百合のフッガー」は着実に商業を行い、ヤーコプが亡くなる前の1466年には、アウクスブルクの納税者中第7位を記録するまでになりました。この納税額は、1396年のハンスの額の2倍余りでした。ヤーコプは、1441年、貨幣鋳造人の娘バルバラと結婚し、12人の子どもが誕生しました。父と同名の（後の「富豪」）ヤーコプは10番目の息子でした。当時、ある程度の経済力をつけた一族は、子どもの数も多く、商家であれば、子どもたち全員が商人になっ

たのではなく、聖職者の道へ進む者もいました。また、基本的に家や商社は男性の兄弟が継ぐもので、女性は修道院に入るか、有力な家系同士での政略結婚の相手になっていました（地域によって異なり、女性が牛耳っていた商社もあります）。後に「富豪」となるヤーコプは、聖職者になるために、12歳からフランケン地方のヘリーデン修道院に入ったといわれています。ヤーコプの兄マルクス（1448－78）も聖職者の道を進み、司教座教会の首席司祭や教皇庁の書記を務めました。ヤーコプの父と兄たちが相次いで亡くなると、ヤーコプは、1478年にフッガーの商社に戻ることになり、二人の兄ウルリヒ（1441－1510）とゲオルク（1453－1506）とともに商取引を拡大して行きました。近年の研究では、ヤーコプは修道院にはおらず、14歳でヴェネツィアのドイツ商館で活動していたと想定されていますが、もしもヤーコプが修道士として生活していたままであったら、歴史は変わっていたでしょう。

　「百合のフッガー」の家系は、1494年（8月18日）、同家の4代目にあたるウルリヒ、ゲオルク、ヤーコプの3兄弟の間で会社契約を締結しました。その後、兄弟が亡くなると、ヤーコプは1511年、「ヤーコプ・フッガーとその甥たち」（商号）を設立します。「富豪」ヤーコプのワンマン経営となり、商社員の範囲を一族の成人男子に限定（聖職者を除く）し、一族の中の営業に熟達した有能な社員が、年齢に関係なく前任者によって後継者として指名されることとなりました。ヤーコプには実子がいなかったため、自身の後継者として甥のアントーン（1493－1560）を指名しました。フッガーの商社は、「富豪」ヤーコプと次のアントーンの代に頂点を迎えます。

2-1-2 「フッガー家の時代」

　5代目にあたるアントーンの代には、フッガーの商社はヨーロッパの80以上

の都市に在外支店（Faktorei）を開設していました。東インド貿易が始まって以来、重要な拠点となっていたリスボン、アントウェルペンをはじめ、南はナポリ、東はコンスタンティノープル、西はメキシコにまで及びました。フッガーの商社は、ハプスブルク家の御用商人（メーン・バンク）であり、ハンガリー、イングランド、ポルトガル、デンマーク諸国王への信用貸しも行っていました。フッガーの商社の支店網を見ると、フランスに在外支店が少ないことに気付きます。これは、当時、フランスが神聖ローマ帝国と対立していたことに因りますが、フランスには秘密の支店が置かれていました（**地図２：フッガーの商社の支店網**を参照）。

　在外支店は14世紀以来、商業を行う際に諸市場間同士の通信や連絡を維持する必要から設置されたもので、商業の発展に伴う取引範囲の拡大によって、支店網が形成されていきました。支店網はフッガーの商社のみならず、ヴェルザーやメディチの商社なども形成していましたが、これらの商社は10以上の都市に支店を置いているに過ぎず、フッガーの商社には及びませんでした。在外支店の維持（建物の購入費、借料、従業員への俸給）には高い費用がかかり、支店網を設立できたのは資本力のある商人家のみでした。支店網は経済的な結び付きのみならず、情報網や親族ネットワークとしての役割も果たし、一族の発展のためには、より広範なネットワークを築いていくことが重要でした。

　フッガーの商社が16世紀を代表するまでに発展したのは、先祖代々の織物業に因るのではなく、鉱山業に進出したことにあります。「富豪」ヤーコプは、アウクスブルクからヴェネツィアへ向かう途中のティロールに、資源豊かな鉱山があることを知っていました。まず、ザルツブルク近郊の鉱山（金や銀）へ参入し、1485年にはインスブルックに在外支店を置き、ティロール大公ジギスムントから採掘権を得て、ハル（1510年〜）と後にシュヴァーツ（1539年〜）

地図２：フッガーの商社の支店網

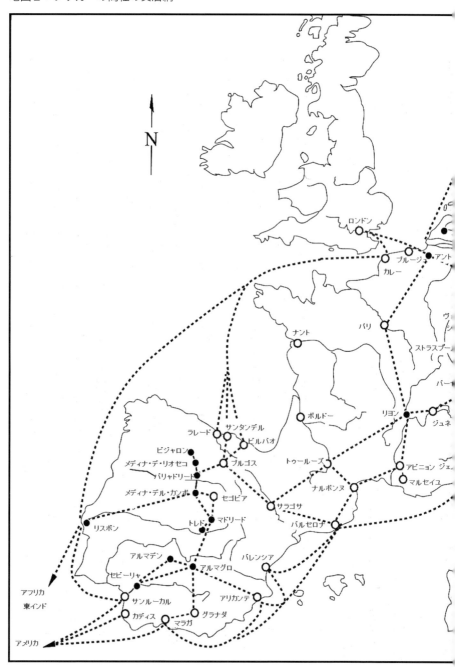

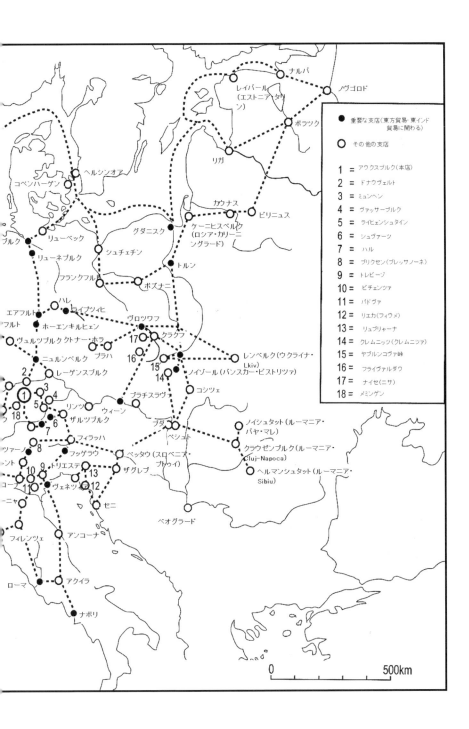

に在外支店を置きました。ハルにはジギスムントによってメラーノから造幣局が移されました。現在、市内にあるハゼッグ城（Burg Hasegg）にて、造幣局と貨幣の歴史を学ぶことができます。フッガーの商社は、オーストリア地域の他に、当時ハンガリーのノイゾール（現スロバキアのバンスカー・ビストリツァ、1493年～特に銅）とスペインのアルマデンの鉱山（1525年～特に水銀）も経営していました。フッガーの商社の鉱山経営については、鉱山業自体が地域によって異なり複雑なため、別の機会にしたいと思います。鉱山業は、領邦君主の持つ鉱山特権（領内で産出する鉱石の先買（さきが）い）の担保貸付を行うもので、例えば、フッガーがジギスムントに融資した際、現金ではなく、鉱山特権が全てフッガーの商社に返る仕組みでした。当時、商人が行っていた遠隔地貿易で、インドの香辛料の対価となったのは、銀や銅でした。特に、銅はインド一帯では見られず、重宝されたため、フッガーは銅の独占を行いました。フッガーの商社の商号入りの銅鋳塊が、近年、東アフリカ沿岸～インド洋沖に沈む難破船から発見されています（第3章で紹介）。フッガーの商社は、1665年まで商業と鉱山経営を行いました。

▶ハゼッグ城ミュンツェ塔からのハルの眺め（中央左に見えるのは、聖ニコラウス教区教会）

◀ハゼッグ城外観

▲シュヴァーツ旧フッガー邸（現在、女子修道院の本部が置かれ、支援を必要とする人々の話を聞くなど手助けを行っている）

▼鉱夫の噴水
（旧フッガー邸に隣接）

2-1-3　土地所有貴族へ

　「富豪」ヤーコプは、1507年、皇帝マクシミリアン1世からウルム近郊のキルヒベルク伯領とヴァイセンホルン領を獲得し、アウクスブルク近郊のシュヴァーベン地域一帯に土地所有を行いました。ヤーコプは、1511年に貴族の身分を得て、1514年には伯の身分へ昇進し、真の貴族（Adel）となりました。この昇進は、皇帝マクシミリアン1世によりますが、先述した1519年の皇帝選挙（カール5世への融資）への影響もあったように思います。選挙が行われるのがいつになるか、マクシミリアン1世にとっては自分の死期を悟ることにもなりますが、「富豪」ヤーコプを引き込んでおくことは何よりも得策だったのでしょう。

　なお、皇帝マクシミリアン1世は、アウクスブルクを気に入っており、必ずフッガー邸に滞在していたとあります。マクシミリアン1世の霊廟は都を置いていたインスブルックにありますが、インスブルックはアウクスブルクとイタリアを結ぶ交通の要衝にあって、ルネサンス文化もこの街道から入ってきました。

現在、鉄道で行き来するには、アウクスブルクからミュンヘンを経由し直行便に乗り換えて1時間50分程です。実際に行ってみると、アウクスブルクとインスブルックの標高はともに500メートル前後、夏は24度前後と比較的涼しく、市内から川が近く、水も自然も豊富で似通った環境です。アルプスに近いため、冬の寒さが厳しいのも似ているでしょう。マクシミリアン1世が気に入っていたことに納得します。

◀インスブルック「黄金の小屋根」
（皇帝マクシミリアン1世の宮廷用観覧席として建立された張り出しテラス。金箔を貼った瓦は2657枚）

▲イン川にかかるイン橋とカラフルな家々

　「富豪」ヤーコプは貴族の身分を得ていますが、フッガー家は、アウクスブルクの都市内では商人ツンフトに属する一市民でした。都市内の身分で最も高い身分は、都市貴族（Patriziat）と呼ばれ、都市民でありながら本来の貴族を模倣した生活を送っていた人びとです。ヴェルザー家はこの身分にありますが、上昇した都市民の誰もがなれるのではなく、閉鎖的な身分でした。フッガー家が都市貴族になれたのは1538年のことで、アントーンの代でした。これには市

政の詳細な説明が必要になるため、ここでは、閉鎖的な身分であったがゆえに、都市貴族身分の減少にともない、主に商人ツンフトに属していた市民の都市貴族への加入が許可されたと述べておきたいと思います。フッガー家が世襲の貴族身分（伯）を得たのは1536年のことで、こうしてフッガー家は、都市内外において上昇を遂げました。

「富豪」ヤーコプは、アウクスブルク市内と獲得した自身の領地の宗教施設（教会、修道院など）に寄進を行いました。代表的なものは、年代順にアウクスブルクの聖アンナ教会のフッガー家礼拝堂、聖モーリッツ教会の説教師職、1521年に設立された「フッゲライ」です。商家では、獲得した富の一部を寄進する慣行があったのですが、ヤーコプ個人の寄進は、アウクスブルクの他のどの市民よりも多く、このことが、フッガー家の存在価値を現在まで高めてきたともいえます。

2-2 ヴェルザー家の社会的上昇

「1246年（8月29日）、ハインリヒ・ヴェルザー、アウクスブルクに土地売却」という市民台帳の記載が、ヴェルザー家に関する最古の記録です。ヴェルザー家は、ミニステリアーレン（領主層に仕えていた集団、家人団）出身であり、1276年のアウクスブルク都市法成立時には、都市における最上位身分の都市貴族（Patriziat）として市政を担っていました。農民出身のフッガー家とは対照的に、ヴェルザー家はアウクスブルクでは初めから身分の高い一族でした。1311年、バルトロメーウス1世（1275?－1334）は、都市統治官（Stadtpfleger、「市長」の役割、当初は皇帝によって任命された）に選出され、3度再選されました。この後、ヴェルザー家は「バルトロメーウス」という名前が一族の中心名となります。名前は身分を表すものですが、フッガー家に多く見られる「ハ

ンス」という名前は、農民の象徴となっています。

1246年 (8/29)	「Heinrich Welser アウクスブルクに土地売却」（市民台帳）
1311年	バルトロメーウス1世(1275?－1334)、都市統治官に選出(3度再選)
1411年	バルトロメーウス3世と義兄弟ハンス・ブルン、商社設立
1425年〜	バルトロメーウス3世、息子たち（バルトロメーウス4世、ルーカス1世等）と起業
1479年	アントーン1世、カタリナ・フェーリンと結婚しメミンゲン移住
1496年	「ヴェルザー・フェーリン商社」合併
1498年	アントーン1世、アウクスブルクへ戻り、新たにヴェルザー商社設立
1518年〜	バルトロメーウス5世が引継ぎ、ヴェルザー商社の最盛期を迎える
1532年	貴族（Reichsadel）の身分授与
1557年〜	フライヘル（Freiherr）へ昇進

2-2-1 市政の担い手から大商人へ

　アウクスブルクでは1368年にツンフト市政が樹立しました。ドイツ語のツンフト（Zunft）は同業者組合のことで、英語に翻訳するとギルドとなります。「ギルド」は聞き覚えがあるように思いますが、ドイツでは北部の都市に多く、ツンフトとは異なる団体です。ツンフトはスイスの都市（チューリヒ、バーゼル、ベルン等）でもみられ、ツンフトから市政の代表が選出されます。ギルドとの違いは、市政に代表を選出しているかどうかで、例えば、ケルンではツンフトではなく「ガッフェル」という名称になります。ニュルンベルクのようなツンフトのない都市もあります。都市史を研究すると、似通った都市はあり、都市類型の研究蓄積もありますが、実際のところ、市政は都市ごとに異なっていて複雑です。いずれにしても、14世紀中頃に、多くの都市でツンフト闘争が起こり、これまでの都市貴族支配の市政からツンフトが優位のツンフト市政樹立へと至りました。帝国都市の場合、都市の軍備に費用が嵩み、度重なる増税に不

満を抱いたツンフトの人びとが市政への参加を求めました。

　アウクスブルクのツンフト市政樹立に伴い市参事会は、都市貴族身分を隔離したため、ヴェルザー家は一時、市政における立場を失うことになりました。しかし、アウクスブルクは、都市貴族身分の強い都市であったため、ツンフトの人びとも都市貴族との結び付きを求めていました。こうしてヴェルザー家は再び社会的に上昇します。7代目にあたるバルトロメーウス3世（1380？－1446）は、1411年、義兄弟ハンス・ブルンと商社を設立し、綿織物とバルヘント織の取引を行いました。アウクスブルクの市長には4度選出されています。バルトロメーウス3世の息子たち（8代目のバルトロメーウス4世、ルーカス1世等）は、それに加えて毛織物、香辛料、サフランの取引を行いました。ルーカス1世（1423/24－1494）は、1475年、アウクスブルクの最高額の納税者となりました。ルーカス1世は、1484年からメミンゲンのフェーリン商社と共同で取引を行い、彼の息子アントーン1世の代に合併してヴェルザー・フェーリン商社となりました。

　8代目の長男バルトロメーウス4世（？－1484）は政治家となり、1457年から77年までの20年間に9度、アウクスブルクの市長に選出されています。

　9代目のアントーン1世（1451－1518）は、1479年、メミンゲンのフェーリン商社の娘カタリナと結婚し、メミンゲンに移住しました。メミンゲンは、アウクスブルクから南西におよそ70キロ、地域間特急列車（RE）で1時間強にあります。フェーリン商社は、南ドイツの特産であるバルヘント織の取引を行っており、1496年にヴェルザー商社と合併しました。しかしその2年後、アントーン1世はアウクスブルクに戻り、新たなヴェルザー商社を設立しました。アントーン1世のもとでヴェルザーの商社は、ヨーロッパ中に支店網を広げ、ポルトガル国王から特権を得て、マデイラ諸島とカナリア諸島のラ・パルマ島を開

拓し、サトウキビ農園経営と砂糖取引を開始しました。

　15世紀以降、ヨーロッパの貴族と都市指導層のあいだでサトウキビの需要が高まりました。その最も重要な生産地は地中海域（ロードス島、キプロス、シチリア、アンダルシア地方）でしたが、オスマン帝国の領土拡張にともなって、その一部を失い、新たに大西洋地域を開拓することになりました。ポルトガルとスペインの島々（マデイラ諸島、アゾーレス諸島、カナリア諸島、アフリカ西海岸のサントメ、プリンシペ等）はサトウキビ農園経営の実験地となり、イタリア、フランドル、フランスをはじめ、多くの商人たちが到来しました。これがいわゆるサトウキビのプランテーション農園の始まりです。ヴェルザーのサトウキビ農園は、火山から成るラ・パルマ島の開拓に苦戦し、数年後、ケルンの商人（ハンザ商人）に売却されました。一方、マデイラ諸島の開拓は、当地の代理人に資金を持ち逃げされ、こちらも失敗に終わっています。

　アントーン1世は、織物と香辛料取引には成功し、アウクスブルクにおける納税額も上昇し、皇帝マクシミリアン1世の債権者としても登場するようになります。皇帝との繋がりは、彼の婿（娘マルガレーテの夫）コンラート・ポイティンガーの社会的上昇に影響を与えました。ポイティンガーは、アウクスブルクの書記であり法学博士として、マクシミリアン1世の顧問へと昇進しました。

　アントーン1世の弟ヤーコプ2世（1468－1541）は、ニュルンベルクに移住し、ボヘミアのヨアヒムスタール銀山での鉱山業に関与した後、1517年、ニュルンベルク・ヴェルザー商社を設立しました。ヨアヒムスタールでは、後のマルク銀貨となるターレル貨が鋳造されていました。ヤーコプ2世の商社は、アウクスブルクのヴェルザー商社と協力関係にあり、1609年に解散しました。ヴェルザーのニュルンベルクの家系は、1872年に断絶しています。

　8代目バルトロメーウス4世の息子ペーター（？－1508）も鉱山業に従事する

ため、ザクセンのツヴィッカウに移住しましたが、ヴェルザーのツヴィッカウの家系は16世紀中に没落しました。

2-2-2 国際金融業者から貴族へ

　10代目にあたるバルトロメーウス5世の代、ヴェルザーの商社は最盛期を迎えます。先述した1519年の皇帝選挙（カール5世への融資）の際、「富豪」ヤーコプ・フッガーとともにその名声を極めると、イタリアの銀行家たちとリヨンの大市で投機取引を行いました（17世紀初頭まで）。ヴェルザーは、公にフランスにも支店を置いていましたが、このことは政治的にハイリスクでした。1519年の皇帝選挙の際、カール5世の対立候補はフランスのフランソワ1世で、実際、フランスはハプスブルク家の神聖ローマ帝国と敵対関係にありました。他方、ヴェルザーと異なり、フッガーはハプスブルクに忠誠を誓い、公にはフランス国内に支店を置かず、フランソワ1世との取引も行っていないようです。

　バルトロメーウス5世は、ヴェルザー商社の香辛料取引を継続し、1526年からカリブ海域に支店を置き、サトウキビ農園や鉱山経営、真珠の採掘などを行いました。1528年からは、皇帝選挙の見返りとして、ベネズエラ（現コロンビアの一部含む）の開拓・経営をスペイン王室から委託されました。しかし、ベネズエラ経営自体は失敗し、その特権も剥奪されて終わりました（1556年）。ヴェルザーの商社は、1540年代にインディアス（中南米）貿易の中継地であったスペインのセビーリャを撤退し、1614年に破産しています。一方、フッガーの商社がセビーリャを撤退したのは1570年代でした。フッガーの商社もヴェルザーと同様に、チリ（現ペルー南部含む）入植計画があったのですが、実施された記録は残っていません。当時、現ボリビアのポトシに銀山が発見され、安価な銀がヨーロッパに入ってきたことで、いわゆる「価格革命」（16世紀中頃から

17世紀初めにかけて、中南米からの銀の大量流入により、ヨーロッパの貨幣価値が下落し、著しい物価の高騰が起こった現象）が起こり、アウクスブルクの大商人たちも破産の波に呑まれて行きました。ヴェルザーもフッガーも、この影響は受けていますが、「価格革命」では没落しなかったといえます。ヴェルザーの場合、ベネズエラ経営の失敗で痛手を負ったのは明らかです。

　それでも、ドイツ人として初めて、ヨーロッパにとって未開の地であったベネズエラ経営を行ったことは、ヴェルザー家の名声を高めました。ヴェルザー家は、1532年に貴族（Reichsadel）の身分を授与され、1557年からフライヘル（Freiherr、後の男爵）身分へ昇進します。ヴェルザー家は、大商人であるとともにアウクスブルクの市政も担い、市民権を有する「貴族」への上昇者として、名実ともにヨーロッパの顔となりました。ヴェルザー家は、アウクスブルクの家系が1797年に断絶し、現在、バルトロメーウス5世に由来するウルムの家系のみ存続しています。

　ヴェルザー家とフッガー家の出自は対照的で、ヴェルザーはフッガーよりも市政に関与していることが明らかになりました。フッガーの本格的なアウクスブルクの市政への関与は、1548年の皇帝カール5世による市政改革後になります。しかし、本来の貴族身分を得た時期を見ると、フッガー家がヴェルザー家よりも20年早いのは興味深い事実です。

―カフェー・パウゼ②― **フィリピーネ・ヴェルザーとアンブラス城**

アンブラス城。長方形の中庭を囲むように建てられた（4階建て）居住用の城

　アンブラス城はオーストリア・ティロール州の州都インスブルックの郊外南にある。オーストリアで最も美しく、「世界初の博物館」としても重要な名所の一つであり、インスブルック中央駅から「サイトシーアバス」で訪れることができる。「サイトシーアバス」はインスブルックの旧市街からイン川を渡り、郊外の旧オリンピック会場やアンブラス城まで見所を周回している。

　アンブラス城の歴史は10世紀まで遡ることができ、中世以来、オーバーバイエルン伯アンデクスの居城であった。その後、相続によりティロール大公の所有となった。1564年、アンブラス城はティロール大公フェルディナント2世（1529－1595）の居城となり、フェルディナント2世は、妻フィリピーネ・ヴェルザー（1527－1580）と2人の息子アンドレーアス（1558－1600、後の枢機卿）とカール（1560－1618、後のブルガウ辺境伯）と共にここに移住

した。アンブラス城とその広大な領地は、フェルディナント2世からフィリピーネに遺贈された。アンブラス城において、フィリピーネは「女主人」であり、フェルディナント2世は「歓迎される客人」であった。

　現代において、王侯貴族が一般市民と結婚しても大きな波紋を呼ぶことはなくなった。しかし、16世紀にオーストリアの大公フェルディナント2世が、アウクスブルク市民のフィリピーネ・ヴェルザーと結婚した時は全く異なっていた。フィリピーネの父は、アウクスブルクの商人であり都市貴族（Patriziat、都市内で最上位身分であるが本来の貴族ではない）のフランツ（フリードリヒ）・ヴェルザー（1497－1572）、母はアンナ・アドラー（1507－1572）であり、両親はともにアウクスブルクの市政を担う都市内最上位身分の一族であった。フィリピーネは、大商人で金融業者のバルトロメーウス・ヴェルザー（Bartholomäus V.）の姪にあたる。フィリピーネと大公フェルディナント2世の婚姻締結は、1557年1月、秘密裏に行われた。二人の出会いや交際期間は不明であるものの、ヴェルザー家は、ハプスブルク家とその周縁と政治的・経済的結合関係があったことは史料上明らかである。

　フェルディナント2世の父・皇帝フェルディナント1世は、最終的に二人の結婚を受け入れたものの、絶対的な秘密保持と、子供たちをハプスブルク家の王位継承から除外するという厳しい条件を付与した。1576年、結婚の秘密は解かれた。長男アンドレーアスは枢機卿に昇格することになり、そのためには正当な出自を証明する必要があった。ローマ教皇グレゴリウス13世は大公フェルディナント2世の誓約を解き、結婚は公に認可された。

　フィリピーネとフェルディナント2世の結婚は、ヴェルザーの商社がベネズエラ経営の権利を剥奪された時であった。フェルディナント2世は、義父フランツ・ヴェルザーとその子孫をフライヘル（後の男爵）身分へ昇格させたが、

これにより、ヴェルザーは一族の名誉回復とその後の地位を守ることができた。ヴェルザーにとってティロール大公との繋がりは大きかったといえる。

フェルディナント2世　　　　　　フィリピーネ・ヴェルザー

　フィリピーネの居城となったアンブラス城は、壮麗なルネサンス様式の宮殿に増改築された。フィリピーネは、「ホッホ・シュロス」の庭園に薬草・ハーブ園を作り、専属医や薬剤師とともに薬を調合した。母アンナによって書かれ、今日の薬草選定の基礎となっている薬局方（1560〜70年）、およびフィリピーネが母アンナの助言のもとで編纂した料理本、ならびに多くの絵が描かれた祈祷書は、アンブラス城に保管されている。

　1580年にフィリピーネが亡くなるまで、アンブラス城は当時の王侯貴族たちが集う歓楽の場でもあった。フィリピーネの死後、フェルディナント2世は息子たちからこの城を買い戻し、収集活動の中心とした。1595年にフェルディ

ナント2世が亡くなると、次男のカールは、アンブラス城をコレクションとともに従兄弟の皇帝ルドルフ2世に売却した。

　アンブラス城の文化的・歴史的意義は、フェルディナント2世が甲冑、武器、肖像画、最新の科学機器、楽器、美術品、骨董品、図書館などのコレクションをここに収集したことにある。フェルディナント2世は、この目的のためにアンブラス下城（ウンター・シュロス）を「博物館(ムゼウム)」として新設した。

「ウンター・シュロス」。フェルディナント2世のコレクションが展示されている。2階のテラス正面に「ホッホ・シュロス」がある。

　時は流れ1880年、宮殿は博物館に改築され、ウィーン美術史博物館の学芸員によってコレクションが再編成された。1881年、アンブラス城は「世界初の博物館」として一般公開されることになった。第二次大戦中にコレクションが疎開された後、1950年にウィーン美術史博物館がその管理を引き継いだ。1976年にハプスブルク家の肖像画ギャラリーが新たに設立され、現在に至っている。

◀大航海時代の影響で、中南米からもたらされたサンゴ(この他、真珠、翡翠、エメラルドなどの「自然の驚異」も収集され、展示されている)。

▶豊臣秀吉の鎧(日本、16世紀末～17世紀初)胸に「天下」の文字が見える。

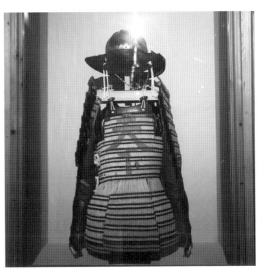

　侍の鎧は、1607年から1611年の皇帝ルドルフ2世の目録にも記載されているが、この鎧は1794年にブリュッセル経由でウィーンにもたらされた。フェルディナント2世のコレクションは、皇帝ルドルフ2世の「驚異の部屋」(プラハの宮廷)へと受け継がれた。

第2章　フッガー家とヴェルザー家の社会的上昇

▼スペイン広間

　ルネサンス期の最も重要な広間の一つ。フェルディナント2世の設計により、1569年から1572年にかけて建設された（長さ43メートル、幅13メートル）。部屋の東壁には、歴代のティロール大公27名が描かれている。1878年から1880年にかけて、湿気による甚大な被害のため、最初の全面的な修復が行われた。毎夏開催されるインスブルック古楽音楽祭（2024年は7月21日〜8月30日）の会場にもなっている。

◀フィリピーネの浴室

　アンブラス城の浴室は、発汗浴（蒸し風呂・サウナ）、大きな桶風呂、更衣室とリラクゼーション・ルームから成っていた。お湯はボイラー室からパイプで浴槽に運ばれ、浴槽の床に置かれた熱い石で保温されていた。浴槽には腰掛け用の椅子が置かれ、銅製および真鍮製の洗面器や柄杓も使用されていた。「ウェルネス」の先駆ともいわれる。

第3章　フッガーとヴェルザーの海外進出

　本章では、アウクスブルク都市内にある「フッガー・ヴェルザー体験博物館」の展示内容と合わせて、フッガー家とヴェルザー家の海外進出を考察します。

　博物館は「歴史の教訓を理解した者だけが、現在を把握し、未来を切り開くことができる」という指針に基づいています。特にコロナ禍の展示内容の刷新で、フッガー家とヴェルザー家の過去の栄光のみを紹介するのではなく、初期資本主義の長所と短所を考察し、現在につながる貧富の格差の問題にも焦点を当てています。また、中世から近世への過渡期におけるアウクスブルクの経済的重要性も繰り返されるテーマで、バルヘント織と遠隔地貿易、王侯貴族との金融取引、鉱山業、技術革新（例えば活版印刷）、郵便制度、植民地化の始まり、アウクスブルク近郊のフッガー家とヴェルザー家の土地所有などを学ぶことができます。

1503年	ヴェルザー、ポルトガル国王マヌエル1世より特権獲得 →リスボンに営業所開設、東インド貿易への直接参加
1505/06年	「インド探検隊」（フランシスコ・デ・アウメイダの艦隊等）に資金援助
1519年	フッガーとヴェルザー、皇帝カール5世より、皇帝選挙資金援助への見返りとして海外領土全域に及ぶ貿易特権獲得
1525年	ヴェルザー、スペイン王室よりインディアスとの交易権獲得 →翌年、サント・ドミンゴ（エスパニョーラ島）に営業所開設
	フッガー、スペインの騎士修道会地代請負（マエストラスゴ）とアルマデン水銀鉱山の請負（1550年〜水銀アマルガム法の開発により水銀の需要増）
1528年	ヴェルザー、スペイン王室よりベネズエラへの入植・開発特権認可 →奴隷化されたアフリカ系黒人の輸入独占権も獲得
1529年〜	ヴェルザー、ベネズエラ入植開始（1556年、特権剥奪）
1531年	フッガー、スペイン王室よりチリ（ペルー南部含む）の入植権獲得

3-1 「フッガー・ヴェルザー体験博物館」の成り立ち

　「フッガー・ヴェルザー体験博物館」は、アウクスブルク旧市街のマクシミリアン通りを北上した大聖堂地区にあります。大聖堂広場を過ぎ、右手の小径の3本目（Äußeres Pfaffengasse）を右折し、直進すると左手に現れます。博物館の建物は、1530年頃建立された、都市貴族の館で、楕円形の窓が特徴の南ドイツで最も重要なルネサンス建築の一つです。ここに、眼鏡職人で望遠鏡製造技師のヨハン・ヴィーゼル（1583－1662）が1637年から42年まで住んでいたことから、「ヴィーゼルハウス」と呼ばれています。ヴィーゼルの前所有者は、商人イェーニシュ（Jenisch 流浪民、抜け目のない）とあり、これはおそらく、ヴェルザーであると推測できます。確かにこの場所は1583年から短期間、マルクス・ヴェルザー（都市統治官、歴史家・考古学者）が人文主義者たちの隠れ家としていました。ヴェルザー縁の建物は長らく廃墟になっていましたが、文化財保護のため博物館として整備することになりました。博物館の開館は2014年9月27日で、フッガーとヴェルザーが海外に進出した1504年から510年に当たります。博物館の構想は1999年からあり、実に15年かかり実現に至りました。年月を要した理由は、資金面、展示内容、国立か州立か等いろいろあったようですが、最終的に、バイエルン州立で最先端のマルチメディア技術を駆使した博物館となりました。入場料は、2014年時に大人1名5ユーロで、現在（2024年）は大人1名7ユーロに値上げされています。

　建物は、地下1階、地上3階から成り、外からは高い塀に囲まれて見えませんが、記念（文化財的）建造物に指定されている約1ヘクタールの庭園があり、テラスにはカフェが併設されています。高い塀で囲まれているのは、元来、カルメル会修道院の所領内にあったためです。庭園の用益権は19世紀から聖シュテファン修道院に移り、現在はアウクスブルク市が管理しています。聖シュテ

ファン修道院は、近隣において現在もギムナジウムと寄宿学校を経営し、この庭園にある養蜂場や天文台を活用しています。庭園自体は古代ローマ時代に遡ることができ、16世紀の人文主義者たちが関心を寄せていた花壇植物を見付けることもできます。

入口

テラス

広い庭園（博物館2階より臨む）

庭園から見た「ヴィーゼルハウス」（博物館HPより）

　来館者は、博物館のチケット売り場で小さなコショウ袋を受け取ります。この袋を、館内各所にあるコショウ袋の印に合わせると、音声や映像が流れる仕組みになっています。ドイツ語版または英語版のどちらかを選び、聴覚や視覚に困難がある場合にも対応可能です。

第3章　フッガーとヴェルザーの海外進出　59

3-2 ヴェネツィアから世界へ：東方貿易～東インド貿易

　1階の展示室は、入口の床にフッガー家とヴェルザー家の年表が貼ってあり、これに沿って進みます。まず、経済の中心地アウクスブルクとヴェネツィアの商取引（東方貿易）について、ヨーロッパの交易ルートが展示されています。フッガー、ヴェルザー両家の発展はヴェネツィアから始まりました。ヴェネツィアにはドイツ人商館が置かれ、南ドイツの特産品バルヘント織を輸出していました。当時のグルデン金貨のレプリカや対価表が展示され、フッガー、ヴェルザーの商標を刻印できる機械もあります。

入床

バルヘント織レプリカ

コショウ袋の印

商標 左：ヴェルザー、右：フッガー

1階の次の展示室では、ヨーロッパからインドや南米への海上交易（東インド貿易）について、インタラクティブ・テーブル（タッチパネル式）で紹介されます。ヨーロッパから見ていわゆる「新大陸」は、先住民を無視してポルトガルとスペインによって分割されました(1494年、トルデシーリャス条約)。フッガーとヴェルザーは、ポルトガルとスペインの君主たちとの緊密な結び付きがあり、東インド貿易で莫大な利益を得ました。インタラクティブ・テーブルに表示されるコショウ袋の印に合わせると、東インド貿易で重要な都市や寄港地が写真と音声で説明されます。

　フッガー家は鉱山業に関与して富を得ましたが、当時、銅の対価はコショウをはじめとした香辛料でした。中世ヨーロッパの人びとは、パン（ムギ類）を主食として、塩漬けの豚肉を食べることが多かったのですが、塩漬けの豚肉の臭みは相当なものであったようです。この豚肉を煮込む際に、コショウなどの香辛料を入れると、臭みは緩和され食べやすくなりました。東インド貿易が始まる前、香辛料は、インドからムスリム（イスラーム教徒）の支配する土地と海域を通り、アウクスブルクに戻るまで2年がかりでした。ヴェネツィアを中心とする東方貿易の交易ルートでは、ヨーロッパに戻るまでに、途中で少なくとも15回は税金を取られるため、出発地インドでの価格の1000倍に跳ね上がることになりました。そのため、コショウは同じ重量の銅や銀と交換されるほどの貴重品だったのです。このことから、ヨーロッパの人びとは、ムスリムが支配していない地域を通り、インドの香辛料を直接手に入れる必要がありました。バルトロメオ・ディアスが喜望峰の迂回に成功し（1488年）、インド洋に達すると、東インド貿易が始まります。商業の中心地は、ヴェネツィアからアントウェルペン、リスボンへと移動しました（**地図3：フッガー・ヴェルザーの海外ネットワーク**を参照）。

第3章　フッガーとヴェルザーの海外進出

インタラクティブ・テーブルを使って、フッガーの経営するノイゾール銅山（現ハンガリー）から採掘し、精錬した銅を運びます。銅は、アントウェルペンからリスボンを経て、当時開拓されたばかりの航路で、大西洋から喜望峰を回り、インドのゴアまたはカリカット（現コジコーデ）に到着します。博物館が開館した当初、これがゲームになっていて、制限時間内にアウクスブルクからインドまで運んだ銅を香辛料に換えて、そのコショウ袋をアウクスブルクへ持ち帰るのを競うものでした。交易ルート上で海賊や嵐に遭遇することもあり、船が難破すると振出しに戻るというゲームでしたが、展示内容の刷新後は、淡々と東インド貿易について、そのルートや寄港地が説明されるのみになりました。

始まりの画面（本店アウクスブルクの位置、白く光って掲示）

寄港地モザンビークの説明

アントウェルペンの説明

開館当時の東インド貿易ゲーム（アフリカ大陸にコショウ袋がたまっている様子）

3-3 ヴェルザーのベネズエラ経営

　1階の別の展示室では、ヴェルザーのベネズエラ経営と中南米への航海について紹介されています。ヴェルザーの商社の代理人バルタザール・シュプレンガーの航海記や古い地図をとおして、当時のヨーロッパの人びとの世界認識を知ることができます。コロンブスは、アメリカには到達していませんが、自身が上陸したサン・サルバドル島をアメリカと思い込み、キューバ島を「ジパング（日本）」と勘違いしたように、ヨーロッパの人びとにとって中南米のみならず、「アジア」もまた全くの未知なる領域でした。日本については、マルコ・ポーロの『東方見聞録』で「ジパングには黄金が無尽蔵にあるが、国王は輸出を禁じている。宮殿の道路や床には、敷石として4センチの厚さの純金の板が敷き詰められている」（青木富太郎訳『東方見聞録』現代教養文庫より抜粋、岩手県平泉町の中尊寺金色堂をはじめとする豊かな黄金に因る）と記載されているため、コロンブスをはじめヨーロッパの人びとの目的地となりました。また当時の「インド」は、漠然と「東方」を示す言葉でした。

　ヴェルザーは、1519年の皇帝選挙の見返りに、スペイン国王カルロス1世＝皇帝カール5世からベネズエラの開拓・入植権を獲得した後に、入植からおよ

ベネズエラ経営と航海をイメージした展示室

「遠征と人身売買」（パネルに過去の反省がはっきりと書かれている。刷新された内容の一つ）

第3章　フッガーとヴェルザーの海外進出　63

地図3：フッガー・ヴェルザーの海外ネットワーク

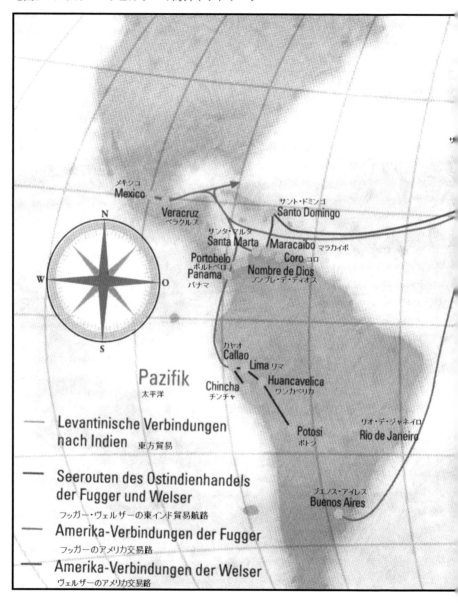

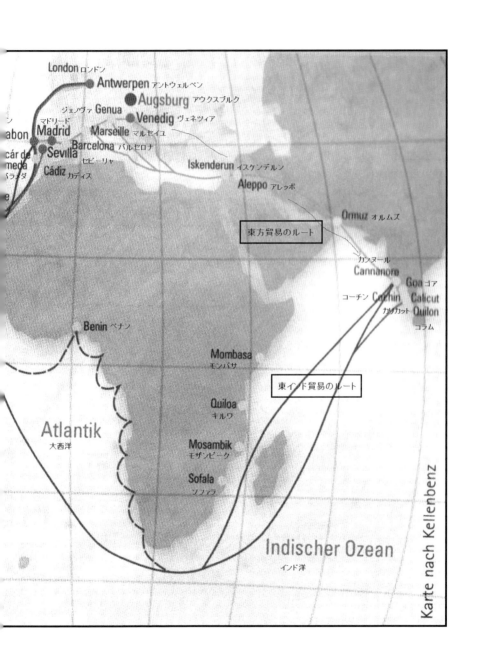

そ18年間でこの領土に約10万ドゥカーテンを投資しました。この値は、「遠征」（「エントラーダ」＝特に中南米では強襲、略奪を意味する）の装備に注ぎ込まれた費用です。当時、現在のコロンビアの高地に「エル・ドラード（黄金郷）」があると伝えられていて、ヴェルザーの総督たちは、この黄金郷を探索していました。総期間160カ月で踏破した総距離はおよそ2万キロ以上でした。この値は、16世紀におけるスペインの他の全ての「遠征」企画（例えば、コルテスのアステカ王国征服、ピサロのインカ帝国征服）よりも長い距離になります。ヴェルザーは、4人の総督を現地に派遣しました。しかし、そのいずれも「遠征」で亡くなり、最後は、バルトロメーウス5世の長男バルトロメーウス6世を派遣しますが、総督ウルリヒ・フォン・フッテンとともに、ヴェルザーの開拓地エル・トクヨにて殺害されるに至りました。現地に残されたヴェルザーの商社員たちは、故郷には戻れず、アルマダの海戦（1588年、対イングランド）でスペインの傭兵として戦ったことも分かっています。

　ヴェルザーのベネズエラ経営での惨禍は、スペインの初期植民地支配の問題（エンコミエンダ制＝先住民の委託、封建制の海外版）とも関係していますし、途中で、スペイン国王がカルロス1世からフェリペ2世に代替わりしたことにも因っています。フェリペ2世は、スペインとその海外領土をカトリック一色で支配しようとしたため、ヴェルザーの総督たち（特に、バルトロメーウス6世）がルター派の振る舞いをしたと非難し、ベネズエラから駆逐しました。実際、ヴェルザー家は当時、一族でカトリックとルター派の信仰をどちらも公言していました。宗教改革の時代、ルター派をはじめ、様々な福音主義の宗派が誕生するにつれて、一族を守るために、一つの宗派に限定しないのも家門政策として重要でした。

　その一方で、フッガー家は当時から一族でカトリックを公言していて、現在

に至っています(例えば、「フッゲライ」の入居条件の一つ「カトリック教徒であること」にも表れています)。ただ、フッガーの一族が全てカトリックであったかといえばそうではなく、フッガーとの婚姻相手にはルター派の人物もいて、また、ウルリヒ(3世)・フッガー(1526-84)のように個人的に福音主義を公言した人物もいました。16世紀後半から宗派対立が激しくなり、カトリック改革でイエズス会が台頭するようになると、フッガー一族はカトリックを家訓とし、ルター派の婚姻相手のカトリックへの改宗も行われるようになりました。

こうしてみると、宗教改革の影響は大きいようにも見えますが、ヴェルザーがベネズエラから駆逐されたのは、実際のところ、スペイン人ではなかったために尽きるように思います。「カトリックではない」というのは理由付けであって、この時代、宗派を隠れ蓑にあらゆる政治・経済問題が起こっています。このことは、現在にも見られるのではないでしょうか。

ヴェルザーのベネズエラ経営に関して、もう一つ「人身売買」の問題が残っていますが、この件については地階の鉱山業展示室のところで説明します。

3-4 「黄金の書斎」にて:フッガーとヴェルザーの対談

2階の展示室は、博物館のメインの一つで、フッガーの商社の「黄金の書斎」(Goldene Schreibstube)が再現されています。ホログラムが使われ、ヤーコプ・フッガーとバルトロメーウス・ヴェルザーは、実際にそこにいるかのように動き回ります。音声が流れ、テーマは情報システム、皇帝選挙、商業独占、海外貿易、スペインの収入等について、二人の架空の対談を聴くことができます。まさに、現在、流行している「イマーシヴ(没入)体験」ができ、来館者は二人から話しかけられることもあり、また、来館者が個々のテーマについて二人に質問することも可能です。

ホログラムによる対談の様子（左：ヴェルザー、右：フッガー）

◀書斎に再現された手紙箱は、この史料による。フッガーの商社の簿記マテーウス・シュヴァルツ著『服飾事典』

> 手紙箱には手形も入っていたとみられる。当時の商業の中心地が書かれており、左上からローマ、ヴェネツィア、ブダ（現ブダペシュト）、クラクフ、正面上からミラノ、インスブルック、ニュルンベルク、アントウェルペン、リスボンとある。

3-5 帝国都市アウクスブルク

3階の展示室は宴会場にもなっています。ここではフッガーとヴェルザーに

関するテーマの講座やフッガー家が通例はフッガーの所有する城（キルヒハイム城）で開催しているバロック音楽のコンサートなども開かれています。また、1500年頃の帝国都市アウクスブルクの街並みとツンフト（同業者組合）が電子パネルで説明され、デジタル額縁では、アウクスブルクの都市貴族たちが経済、宗教、政治について議論しているのを聴くことができます。

◀▼デジタル額縁

左：バルトロメーウス・ヴェルザー、
右：ヤーコプ・フッガー

3-6 鉱山業と大西洋三角貿易

　地階では、フッガー家とヴェルザー家の鉱山業の重要な役割を学ぶことができます。ドイツをはじめ、中央ヨーロッパには地下資源の豊富な鉱山地帯が多く、鉱山技術の進歩に伴って、鉱夫たちは、中世の時代から、例えば400メートルの深さまで坑道を掘り下ろすことが可能になっていました。展示では、革新的な採掘技術について、金属の抽出と加工から、その使用に至るまで詳細に説明されています。中世から現代まで、鉱山では男性だけでなく、女性や子供も働いていて、鉱山労働者の労働環境がいかに過酷であったかを知ることがで

きます。また、ポルトガル商人が西アフリカで金、象牙、奴隷化された人々を購入する際に通貨として使用した銅、青銅、真鍮製の腕輪「マニラ」も展示されています。

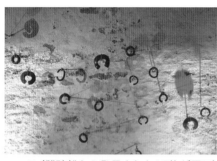
マニラ（難破船から発見された18枚が展示）

スペイン・アルマデンの水銀鉱山
（2003年まで現役の鉱山）

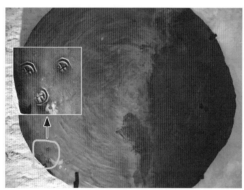
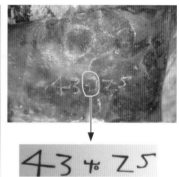
インド洋沖の難破船から発見されたフッガーの商標入りの銅鋳塊、延板。フッガーの商標（三又の矛）が刻印されている

　フッガーの鉱山経営については、第2章でも簡単に述べました。2017年、インド洋に沈む難破船からフッガーの商標（三つ又の矛）入りの銅の鋳塊（以下、「フッガー銅」と表記）が発見されました。この銅の鋳塊は、半製品の半鋳鉄

球で、これらの20トンの銅のほか、アルマデンの水銀・辰砂鉱山のものと思われる水銀や南ドイツからの交易品も一緒に見付かりました。この発見を受けて、研究者とアウクスブルク市観光局は、フッガーの鉱山経営に関する研究・調査を再開しました。難破船は東アフリカのスワヒリ海岸やケニア沖に多く沈んでいて、調査には水中考古学が必要になります。水中考古学における発見から、現在、フッガーの鉱山業による交易品やアフリカからアジアまでの輸送経路などが明らかになってきています。

「フッガー銅」の発見を受けて、2019年に「ヨーロッパ・フッガー街道」がアウクスブルク市観光局によって開設されました。街道沿いのフッガー邸、フッガー家の城、鉱山遺跡、技術記念碑、博物館等は、フッガーのヨーロッパ経済における重要な役割を今日に伝えています。フッガー街道は、発足当初、アウクスブルクを本拠地として、アルゴイ地方のバート・ヒンデランク、オーストリア・ティロールのハルおよびシュヴァーツ、イタリア・南ティロールのシュテルツィンク（イタリア語名ヴィピテーノ）、スロバキアのバンスカー・ビストリツァ（旧ハンガリー・ノイゾール）の6都市（4か国）から成っていましたが、現在（2024年）は、スペイン・アルマデンとポーランド・クラクフも加わり、8都市（6か国）となりました。鉱山業の中でもノイゾールの銅は、フッガーの富の基礎となりました。1496年から1546年まで、ハンガリーにおける金属取引による利益総額は数百万グルデンと推定されます。ノイゾールで生産された銅は、約700トンで、アントウェルペン、アムステルダム、ヴェネツィアならびにニュルンベルク経由でアフリカやインドに供給されていました。

一方、ヴェルザーは主に海外の鉱山経営に関与していました。ヴェルザーは、1520年代末からメキシコのスルテペック銀山、1538年からエスパニョーラ島のコトゥイ銅山の経営を行っていました。

「フッガー銅」の発見は当時、各種メディアによってセンセーショナルに報道されました。また、未調査の難破船にはヴェルザーの商社の交易品も積み込まれていることが判明し、更なる調査が待たれています。

しかし実のところ、フッガーとヴェルザーの各々の商社の経営する鉱山で精錬された銅は、「マニラ」へと形を変え、奴隷化された人びとを連行する際に使用されていたことになります。展示が刷新される前には、このような積み荷の「発見」はセンセーショナルに受け止められていたに過ぎなかったようですが、刷新後は、「マニラ」の展示に、「大西洋三角貿易」の説明が加わりました。

ヴェルザーは、ベネズエラ経営の際に、スペイン王室と奴隷化されたアフリカ系の輸入独占

大西洋三角貿易（17〜18世紀にかけて、特に英仏とカリブ海地域とアフリカを結ぶ三角形のルート上を貿易船が回航したため、「三角貿易」と呼ばれる）

を保証する契約を結んでいます。当時、スペインでは、海外「遠征」時に、先住民の使役と奴隷化が散見されていたことに批判の声が上がっていました。先住民の使役と奴隷化は、ブルゴス法（1512年）によって禁じられていましたが、無視され、ヴェルザーもまた、先住民を奴隷化して輸出していたことが分かっています。先住民保護活動に奔走したのは、ドミニコ会士ラス・カサス（1474－1566）でした。しかし、先住民を保護するかわりに、背が高く体格の良い黒人（アフリカ系）が使われることになったのです。ヴェルザーとスペインの契

約は、現在において人身売買そのものですが、この契約には、先住民の保護を目的とする国王証書（セドラ）が添えられていました。大西洋三角貿易が本格化するのは、17世紀以降ですが、その基盤を築いたのは、奇しくもヴェルザーのベネズエラ経営の時期に当たるのです。

3-7 過去の教訓と未来への扉

　「フッガー・ヴェルザー体験博物館」とアウクスブルク市観光局は、現在につながる新たな情報を提供することで、来館者に内省を促し、個人の責任、例えばフェアトレードに対する意識を高めたいとしています。1階には、博物館の冊子や展示内容に関連する書籍の販売コーナーがあり、フェアトレードのチョコレートとコーヒーも販売されています。2015年、博物館はアウクスブルクが「フェアトレードの首都」に指定された一環として、フェアトレード特別賞を受賞しました。受賞にあたって、審査員は、博物館が16世紀の「大航海時代」の暗部を隠すことなく、今日の商取引や労働条件と批判的に比較していることに感銘を受けたとあります。2021年から22年にかけて行われた展示の刷新では、ポストコロニアル批評が取り上げられ、ヨーロッパの歴史に世界の他の地域からの視点が加えられました。

　博物館の出入口付近には、「リビングブック」が置かれ、ヤーコプ・フッガーとバルトロメーウス（5世）・ヴェルザーが、各々の歴史を語ります。巻末には、マルチメディアを使って、来館者が博物館を訪れた感想を残すことも可能になっていました。これまで見てきたように、インタラクティブ・テーブルやホログラムなどの最先端技術は、RFIDシステム（Radio Frequency Identificationの略。電波を用いてICタグの情報を非接触で読み書きする自動認識技術）によって実現されています。このシステムは、現在、世界中の博物

館等で使用されていて、ドイツでは、グリム童話の世界に没入体験ができるカッセルの「GRIMMWELT(グリムヴェルト)」が人気を博しています。

「フッガー・ヴェルザー体験博物館」は、観光客向けのガイドツアーや小学校(基礎課程)からの教育プ

「リビングブック」(16世紀アウクスブルクのペルラッハ塔前に集う市民の様子。現在の市庁舎広場)

ログラムにも取り入れられ、広く、16世紀のアウクスブルクの経済発展やその意義について、あらゆる年代の人びとに知ってもらうことを目的としています。フッガーの商社の支店網は、現在のEU経済圏の基盤となり、ヴェルザーのベネズエラ経営の際の交易は、大西洋三角貿易の土台となったことも理解できたと思います。

16世紀後半になると、アウクスブルクから直接海外へ赴かなくても、すでにヴェルザーとフッガーが築き上げた中南米とのつながりがあり、商人たちは、セビーリャ、アントウェルペンを介して、間接的に中南米原産の薬草や貴金属等の取引を行うことができました。アウクスブルクからオリンダ、レシフェをはじめブラジル港湾都市、キュラソー島、北米ジョージアに移住し活動した商人たちもいました。間接的、直接的なつながりはその後も継続し、18世紀には亡命者や移民のルートとしても機能しました。ヴェルザー家の海外経営は失敗に終わりましたが、ヴェルザー家とフッガー家の海外進出の意義は(現在につながる問題を正しく理解し解決するためにも)大きかったといえるのではないでしょうか。

―カフェー・パウゼ③― **フッゲライ（Fuggerei）**

　フッゲライは、1521年にフッガー家の「富豪」ヤーコプによりカトリックの貧しい日雇いや手工業者を救済するために寄進され、現在においても世界最古の福祉施設として名高い。フッゲライの建設されたヤーコプ地区は、アウクスブルク旧市街の中心地である市庁舎広場から東側に下ったところにある。ヤーコプ地区は、14世紀前半に都市内（旧市街）に組み込まれた比較的新しい地区であり、織布工をはじめとする手工業者が居住していた。フッゲライ建設のための用地獲得は1514年から行われ、1516年から1523年までに52軒、106戸分が建設され、後に拡張されて、現在は、8つの通りと7つの門、教会まで備えられた「町の中の一つの街」を形成する。

フッゲライの街並み。正面向かって左が市庁舎、右がペルラッハ塔

フッゲライ入口付近にある旧・学校と教会。掘抜き井戸の隣に立つのは寄進者ヤーコプ・フッガーのパネル

フッゲライは現存する社会住宅としては世界最古のものである。①入居者の1年間の家賃は1ライン・グルデンとし、②入居者は、寄進者であるフッガー一族と自身の霊の救済のために、毎日3回、主の祈りとアヴェ・マリアを唱える義務がある。設立当初からの規定は①と②のみであり、特に①は500年以上経った現在においても当時と同価値の0.88ユーロのまま変わっていない。家賃の1ライン・グルデンは、当時の日雇い労働者の月収に適合する金額であった。

　フッゲライの特徴は、設立時から、一家族に一戸、つまり個々の家族の生活が保障されている点にあり、結婚も許可されていた。一方、ヤーコプが寄進した当時、都市の施療院や病院は、大部屋が基本であり、入居者の生活を細かく規制し監督していた。「個人」という概念はルネサンス以降の新しい考え方であり、フッゲライは時代の最先端を行っていたことになる。

　1681年から作曲家ヴォルフガング・アマデウス・モーツァルトの曾祖父にあたるフランツ・モーツァルト一家も入居しており、フッゲライの大工頭として働いた。フランツ・モーツァルトのいた部屋は、フッゲライ博物館に隣接している。

　フッゲライの存続危機は、三十年戦争（1618－48）と第二次大戦時であった。三十年戦争時には、スウェーデン軍の宿舎として利用され、フッゲライの居住者は追放された。家屋の全壊は2軒、半壊は28軒の被害であったと報告されているが、詳細は不明である。第二次大戦時には、1944年2月25日に爆撃を受け、フッゲライ全家屋のほぼ半分が全壊した。フッゲライの中庭に防空壕が残っており、現在、資料室（Museum im Bunker）として公開されている。1948年、設立当初の52軒分の再建が終了し、その後、教会等の再建・改築を経て1973年には67軒に拡張された。フッゲライは、危機の時代を乗り越え、現在に至っている。

フッゲライの中庭。ヤーコプ・フッガーの銅像が立つ

中庭にある防空壕。正面の薄暗いところに地下への階段がある

　2023年時において、フッゲライの入居待ちは104件に及んでいる。入居資格は1521年の設立以来、大きな変更点はなく、①アウクスブルク市民であること（少なくとも2年間アウクスブルクに定住）、②カトリック教徒であること（カトリック教区の権限を持つ居住地に登録）、③貧しいこと（一定の所得および財産の制限を超えることはできない）の3点となっている。その他、品行方正（前科のない）のこと、自分自身で家政を行えることとあり、最後に重要なのは、年齢、出身および家族内身分は決定的でなく、独身、夫妻、離婚者、家族、シングルマザー・ファザーとその子どもたちが応募可能なことである。現在（2023年）の入居者は、およそ150名である。

住居入口の扉と「Fuggerei NEXT 500」のロゴモニュメント

一軒の家屋は1階と2階の住居から成り、2世帯が上下に住めるようになっている。2階の住居は専用階段を通り出入り可能。どちらの階も間取りは同じで3Kが標準。

▼「木の家」と噴水

噴水は1599年にアウクスブルク市当局の許可を得て水道として敷かれ、建設当初は木造、現在は石造となっている。

1522年に改築された梅毒患者の治療室。名称は当時、梅毒の治療として効能があると信じられていたユソウ木（南米に分布するグアヤク）療法が行われていたことによる。梅毒は1490年代に中南米からもたらされて以来、ヨーロッパで流行した病気であり、日本にも、鉄砲伝来（1543年）よりも30年早く、三条西実隆『再昌草』（1512年）に梅毒の最初の記述がみられる。

梅毒の治療として、水銀の塗り薬が処方されていたが、ユソウ木療法は、副作用が少ないことを調査したフッガーが最初に使用したといわれている。

フッゲライの絵葉書（赤い屋根の長屋の建物群。左上方に正門入口と聖マルクス教会が見える）

あとがき

　フッガー家とヴェルザー家の共通点は、1500年代から、両家ともにアウクスブルクを代表する大商人となり、貴族身分を得ながらも、アウクスブルク市民として都市の規定に従っていたことにあります。ヴェルザー家は古来より市政の中心にいましたが、16世紀に入り都市で新たに社会的名声を得たのは、社会福祉施設「フッゲライ」を建設した新参のフッガー家でした。ヴェルザー家の海外進出の動機については議論の余地がありますが、フッガー家への対抗心から積極的であったことも考えられます。ただ、これまで両家の間に特に争いは見られず、お互いの存在をライバルと認め合っており、長年、切磋琢磨しつつ発展を遂げ、両家ともに存続しています。両家の発展と継承は、都市アウクスブルクの発展に寄与してきたといえるでしょう。

　ヴェルザー家はベネズエラ経営に失敗し、破産後（1614年）、まもなく始まった三十年戦争（1618–48）の追い打ちが加わり、表舞台から姿を消しました。現在、ヴェルザー家はアウクスブルクにはおらず、ウルム（アウクスブルクから西へICEで40分程）に在住しているようですが、「フッガー・ヴェルザー体験博物館」の企画にも見当たりません。

　一方、フッガー家は、「富豪」ヤーコプが寄進した「フッゲライ」が500周年を迎えた2021年に、アウクスブルクの市庁舎広場で盛大に祝典を開催し、さらなる500年に向けて新たな企画「Fuggerei NEXT 500」（「フッゲライ」を世界中に建設するプロジェクト含む）をスタートさせたところです。フッガー家の林業を基盤としたSDGsの取組みは、今後のアウクスブルクのさらなる発展に欠かせないでしょう。フッガー家は、16世紀以来のアウクスブルクの他の全ての商人（都市貴族）よりも、アウクスブルクに、さらにはフッガーの所領であっ

たシュヴァーベン一帯の教会、修道院、その他の施設に寄進を行っています。このことが、フッガー家をより際立った存在にしています。その最も代表的な施設は「フッゲライ」といえますが、フッガー家は、「フッゲライ」を永遠に存続していくことで、従来の「富」獲得に対する償い（キリスト教でいえば悔悛、「魂の救済」）をしているように思います。宗教改革期、フッガーは贖宥状取引に関与したこともあり（メディチ家出身の教皇レオ10世、マクデブルク大司教アルブレヒト、贖宥説教師ヨハン・テッツェルとともに）、また、アルゴイ地域の鉄山から武器（刀剣）を製造し輸出していたこともありました。フッガー家についてはまだ、書き足りないことも多々あるのですが、紙幅も足りず、また次の機会にしたいと思います。

　フッガー家とヴェルザー家の本拠地アウクスブルクは、日本の2都市と姉妹都市を提携しています。姉妹都市については、日ごろは意識下にはないものと思います。このことを追記しようと思ったのは、執筆中に参加したとある研究会で、関西出身の方に「そういえば、アウクスブルクは、尼崎市と姉妹都市です、なぜだか分からないのですが」と言われたことに因ります。アウクスブルクは、滋賀県長浜市および兵庫県尼崎市（どちらもヤンマー・ディーゼル株式会社とアウクスブルクのディーゼル機関開発の関係）と、1959年に姉妹都市を提携し、交互に青年使節団の受入、派遣を行っているとあります。長浜市と尼崎市の双方のホームページには、青年使節団の活動記録も載っていました。また、フッガー家の所有するキルヒハイム城で開催されているバロック音楽のコンサートに、約10年前になりますが、日本のクラシック・ギター奏者が出演していたこともありました。フッガー家もアウクスブルクも、日本とはそう遠くないところで繋がっていると実感できるのではないでしょうか。

　初めてアウクスブルクを訪れたのは2006年でした。今年（2024年）は、それ

以来6度目の訪問になりましたが、全体的には変わっていない印象（道路の拡張工事や建物のリノベーションはあり）で、特に、中央駅構内にあるパン屋兼キオスク「YORMA'S」を見付けた時は懐かしく、安堵しました。また、ヨーロッパに行くと必ず本屋に寄るのですが、アウクスブルクの大型書店「Thalia」（ドイツ・オーストリア最大手書店）も変わらずありました（コロナ禍以来、個人経営の本屋は苦しいようです）。アウクスブルクには大学もあるため、大型書店だけでなく、教会が経営する書店や古本屋など、本屋は多いのですが、近年は、小さな書店にも日本の漫画・アニメコーナーが設けられるようになりました。大型書店「Thalia」は、入店して最も目立つフロアの半分が漫画・アニメコーナーになっていて、DVDやグッズも置かれ、賑わっていました。漫画の翻訳も進んでいるようですが、ドイツ語に限らず、ヨーロッパの言語は一人称が一つ（「私」はドイツ語でich、英語でI）のため、例えば、ドイツでも人気のある『名探偵コナン』も、コナンの一人称は全て「イッヒ」になりますし、西の名探偵・服部平次の関西弁のニュアンスも全く出ていませ

聖アンナ教会の書店。『ワンピース』、『ドラゴンボール』のポスターが目立つ。階段脇の壁には、2階にMANGAコーナーもあると書かれている

あとがき　81

ん。改めて、日本語は一人称が多い言語であると認識します。日本の漫画・アニメの人気は、今後もさらに高まって行くと思います。

　最後に、鶴見大学文学部英語英米文学科に着任して3年目を迎え、本書を執筆する機会を与えてくれた、鶴見大学比較文化研究所とその所員の皆様に感謝を申し上げます。これまで授業で、中近世ヨーロッパの都市の成り立ちや近代世界システム（ウォーラーステイン）、グローバル・ヒストリー研究のテーマを取り上げる際に、フッガー家とヴェルザー家を事例として説明してきました。時代背景（封建制から近代・資本主義社会への過渡期）も、フッガー家とヴェルザー家の身分（都市民であり貴族）も、様々な要素が複雑に絡むテーマのため、日々、分かりやすく伝えるための工夫を重ねています。その中で大切にしているのは、難しい用語や歴史の年号を覚えるよりも、一見関係がありそうにない、日常では遠いと思える事象も、実は全て繋がって身近に感じられるようになることです。視野を広くするとも言い換えられますが、新たに得た知識を、既存の知識と比較して共通点や差異を探してみることで、考え方に余裕が生まれ、実りある経験ができるようになるでしょう。私自身も様々なことに興味・関心をもって、学び続けていきたいと思います。

　鶴見大学の研究室の窓からは、横浜ベイブリッジが見えます。その海の向こうは太平洋で、ヨーロッパとは真逆になります。そんな「極東」から、今後も、アウクスブルクのさらなる発展と「フッゲライ」の永遠の存続を見守っています。

主要参考文献一覧

- Bakay, G., *Philippine Welser. Eine geheimnisvolle Frau und ihre Zeit*, Innsbruck 2013.（フィリピーネ・ヴェルザーとその時代についての著書）
- Burkhardt, J. (Hg.), *Die Fugger und das Reich. Eine neue Forschungspektive zum 500jährigen Jubiläum der ersten Fuggerherrschaft Kirchberg- Weißenhorn*, Augsburg 2008.（フッガーと神聖ローマ帝国の諸関係についての論文集）
- Denzel, J, *Die Konquista der Augsburger Welser-Gesellschaft in Südamerika (1528-1556)*, München 2005 (Diss. Uni. Freiburg i. Br., 2003).（ヴェルザーのベネズエラ経営についての学位取得論文）
- Ehrenberg, R., *Das Zeitalter der Fugger. Geldkapital und Kreditverkehr im 16. Jahrhundert*, 2 Bde. Jena 1896.（フッガー研究の先駆者エーレンベルクの著書）
- Fürstlich und Gräflich Fuggersche Stiftungen (Hg.), *Die Fuggerei- Soziale Heimat seit 1521*, Regensburg 2023.（フッゲライについての最新文献）
- Gabler, A.(Hg.), *Die Fuggerei: 500 Jahre*, München 2020.（フッゲライ500周年記念）
- Grünsteudel,G./Hägele,G./Frankenberger,R.(Hg.), *Augsburger Stadtlexikon*, Augsburg 1998.（Web版https://www.wissner.com/stadtlexikon-augsburg/startseite）（アウクスブルク都市事典）
- Häberlein, M., *Die Fugger. Geschichte einer Augsburger Familie (1367-1650)*, Stuttgart 2006.（経済史家ヘーベルラインによるフッガー史研究必読書）
- Häberlein, M., *Aufbruch ins globare Zeitalter. Die Handelswelt Fugger und Welser*, Darmstadt 2016.（東アフリカ沿岸沖の難破船から発見された「フッガー銅」にインスパイアされたヘーベルラインの著書）
- Kalus, M./ Schad, M./ Wallenta,W., u.a.(Hg.), *Fugger und Welser. Museum Historie Marketing*, Augsburg 2015.（「フッガー・ヴェルザー体験博物館」のパンフレット）
- Kellenbenz, H., *Die Fugger in Spanien und Portugal bis 1560*, 2 Bde, München 1990.（スペインとポルトガルにおけるフッガーの商取引について。フッガー研究の巨匠の一人ケレンベンツの著書）
- Kluger, M., *Welterbe Wasser Augsburgs historische Wasserwirtschaft. Das UNESCO-Welterbe Augsburger Wassermanagement-System*, Augsburg 2019.（アウクスブルクの給水管理システムについての著書）
- Kluger, M., *Eine Sensation für die Fuggerforschung. Unterwasserarchäologie entdeckt Kupfer der Fugger im Indischen Ozean*, context verlag Augsburg Nürnberg (context-mv.de)（インド洋沖に沈む難破船から発見された「フッガー銅」についての報告書）
- Knabe,W./ Noli, D., *Die versunkenen Schätze der Bom Jesus. Sensationsfund eines Indienseglers aus der Frühzeit des Welthandels*, Berlin 2012.（インド洋沖に沈む難破船ボム・ジェズスから発見された秘宝についての調査報告集）
- Montenegro, G., *German Conquistadors in Venezuela. The Welsers' Colony, Racialized Capitalism, and Cultural Memory*, Univ of Notre Dame Pr. 2022.（ヴェルザーのベネズエラ経営についての著書）

- Roeck, B., *Geschichte Augsburgs*, München 2005.（アウクスブルク出身の歴史家レックによるアウクスブルク都市史の概説書）
- Scheller,B., *Memoria an der Zeitenwende. Die Stieftungen Jakob Fuggers des Reichen vor und während der Reformation (Ca. 1505-1555)*, Berlin 2004.（ヤーコプ・フッガーの寄進についての著書、フッゲライ寄進の経緯の詳細も記載）
- Sprenger, B, *Die erste Handelsreise der Welser und Fugger nach Indien 1505/06*, Bremen 2012.（シュプレンガーによるヴェルザーとフッガーの最初の東インド貿易についての同時代史料）
- 大塚久雄『欧州経済史』岩波書店、2001年。
- 踊共二編著『アルプス文化史 越境・交流・生成』昭和堂、2015年。
- 踊共二編著『記憶と忘却のドイツ宗教改革―語りなおす歴史 1517‐2017』ミネルヴァ書房、2017年。
- 菊池雄太『図説 中世ヨーロッパの商人』河出書房新社、2022年。
- 合田昌史『大航海時代の群像 エンリケ・ガマ・マゼラン』(世界史リブレット47) 山川出版社、2021年。
- 瀬原義生『中・近世ドイツ鉱山業と新大陸銀』文理閣、2016年。
- 栂香央里「宗教改革期アウクスブルクにおけるフッガー家―宗派的対立・寛容のはざまで」森田安一編『ヨーロッパ宗教改革の連携と断絶』教文館 第9章（175～198頁）所収、2009年。
- 栂香央里「飛び交うニュース：フッガー家の通信網とアルプス」踊共二編著『アルプス文化史 越境・交流・生成』昭和堂、第Ⅱ部（238～243頁）所収、2015年。
- 栂香央里「フッガー家の人々：二宗派併存都市に生きて」踊共二編著『記憶と忘却のドイツ宗教改革―語りなおす歴史 1517‐2017』ミネルヴァ書房、第二部第11章（262～286頁）所収、2017年。
- 栂香央里「16世紀南ドイツにおけるフッガー家のオヤコ関係―モントフォルト伯家との関係を中心として」『比較家族史研究』第29号（42～60頁）2015年。
- 栂香央里「ヴェルザー家のベネズエラ経営―大西洋を越えた「最初のドイツ人」」『史岬』日本女子大学史学研究会、60号（139～162頁）2019年。
- 栂香央里「インド洋における「フッガー銅」の発見―15, 16世紀フッガー家の鉱山業に関する最新報告」『鶴見大学紀要』60号第2部外国語・外国文学編（1～25頁）2023年。
- 栂香央里「フッガー家の「外科施設（Schneidhaus）」―近世ヨーロッパの慈善と医療」『鶴見大学紀要』61号第2部外国語・外国文学編（1～34頁）2024年。
- 栂香央里「フッガー家の500年にわたるSDGs―アウクスブルクの「フッゲライ（Fuggerei）」を事例に」『比較文化研究』鶴見大学比較文化研究所、26号（1～30頁）2024年。
- 栂香央里「研究ノート：アウクスブルクにみる歴史の潮流―「ホテル・ドライ・モーレン」の改名をめぐって」『鶴見大学紀要』62号第2部外国語・外国文学編（45～68頁）2025年。
- 永田諒一『宗教改革の真実 カトリックとプロテスタントの社会史』講談社、2004年。
- 永本哲也、猪刈由紀、早川朝子、山本大丙編著『旅する教会 再洗礼派と宗教改革』新教出版、2017年（第2部‐2（116～124頁）、第2部‐6（151～159頁）執筆）。

- 平川新『戦国日本と大航海時代 秀吉・家康・政宗の外交戦略』中央公論新社、2018年。
- マルコ・ポーロ（青木富太郎訳）『東方見聞録』河出書房新社、2022年。
- 森井裕一編著『ドイツの歴史を知るための50章』明石書店、2016年。
- 森田安一編『ヨーロッパ宗教改革の連携と断絶』教文館、2009年。
- 森田安一『ルター ヨーロッパ中世世界の破壊者』（世界史リブレット50）山川出版社、2018年。
- 森田安一『スイスの歴史百話』刀水書房、2021年。
- 諸田實『フッガー家の遺産』有斐閣、1989年。
- 諸田實『フッガー家の時代』有斐閣、1998年。
- 安村直己『コルテスとピサロ 遍歴と定住のはざまで生きた征服者』（世界史リブレット48）山川出版社、2016年。
- 渡邉裕一「中近世ドイツ都市における給水システム―帝国都市アウクスブルクの事例から（特集：環境史の課題）」『西洋史学』270号（64〜78頁）2020年。
- 渡邉裕一「帝国都市アウクスブルクにおける水の利用とその管理」『西洋史学論集』58号（56〜61頁）2021年。

- アウクスブルク市観光局 https://www.augsburg-tourismus.de/de/
- アウクスブルクの給水管理システム https://wassersystem-augsburg.de/de
- TBS「世界遺産」「アウクスブルクの水管理システム 〜 ロマンティック街道の水の街」（2023年7月2日放送）https://www.tbs.co.jp/heritage/archive/20230702/
- アンブラス城（インスブルック）https://www.schlossambras-innsbruck.at/
- フッガーのホームページ https://www.fugger.de/en
- 「フッゲライ」ホームページ https://www.fugger.de/fuggerei
- 「フッガー・ヴェルザー体験博物館」https://www.fugger-und-welser-museum.de/
- ヨーロッパ・フッガー街道 https://fuggerstrasse.eu/de/
- 長浜市青年使節団派遣報告（2024年9月）https://www.city.nagahama.lg.jp/0000014880.html
- 長浜市と姉妹都市になった経緯 https://www.city.nagahama.lg.jp/0000000212.html
- 姉妹都市提携60周年記念の尼崎市青年使節団報告（2019年5月）
https://www.city.amagasaki.hyogo.jp/shisei/sogo_annai/004simaitosi/1017161.html
- 尼崎市と姉妹都市になった経緯（パンフレットダウンロード可）
https://www.city.amagasaki.hyogo.jp/shisei/sogo_annai/004simaitosi/004simaitosi.html

○文献は必読書をのぞき、刊行年の比較的新しいものを掲載

【著者紹介】

栂　香央里（とが　かおり）

東京・新宿生まれ。鶴見大学文学部英語英米文学科専任講師。2002年、青山学院大学文学部史学科卒業後、2010年、日本女子大学大学院文学研究科史学専攻博士課程後期単位取得満期退学。博士（2014年、日本女子大学）。専攻はドイツ中近世史・国際商業史。主要業績：「宗教改革期アウクスブルクにおけるフッガー家―宗派的対立・寛容のはざまで」（森田安一編『ヨーロッパ宗教改革の連携と断絶』教文館、2009年、175~198頁）。「16世紀南ドイツにおけるフッガー家のオヤコ関係―モントフォルト伯家との関係を中心として」（『比較家族史研究』第29号、2015年、42~60頁）。「フッガー家の人々：二宗派併存都市に生きて」（踊共二編著『記憶と忘却のドイツ宗教改革―語りなおす歴史1517-2017』ミネルヴァ書房、2017年、262~286頁）。

〈比較文化研究ブックレットNo.23〉
南ドイツの大商人
フッガー家とヴェルザー家
―ルネサンスの栄華アウクスブルクをめぐる旅

2025年3月31日　初版発行

著　　　者	栂　香央里	
企画・編集	鶴見大学比較文化研究所	
	〒230-0063　横浜市鶴見区鶴見2-1-5	
	鶴見大学6号館	
	電話　045（580）8196	
発　　　行	神奈川新聞社	
	〒231-8445　横浜市中区太田町2-23	
	電話　045（227）0850	
印　刷　所	神奈川新聞社クロスメディア営業局	

定価は表紙に表示してあります。

「比較文化研究ブックレット」の刊行にあたって

比較文化は二千年以上の歴史があるが、学問として成立してからはまだ百年足らずである。近年、世界のグローバル化に伴いその重要性は増してきている。特に異文化理解と異文化交流、異文化コミュニケーションといった問題は、国内外を問わず、切実かつ緊急の課題として現前している。同時多発テロの深層にも異文化の衝突があることは誰もが認めるところであろう。

さらに比較文化研究は、あらゆる意味で「境界を超えた」ところに、その研究テーマがある。国家や民族ばかりではなく時代もジャンルも超えて、人間の営みとしての文化を研究するものである。インターネットで世界が狭まりつつある二十一世紀が、同時多発テロと報復戦争によって始まったことは歴史のパラドックスであろう。文化もテロリズムも戦争も、その境界を失いつつある現在、比較文化研究はその境界を超えた視点を持った新しい学問なのである。

鶴見大学に比較文化研究所準備委員会が設置されて十余年、研究所が設立されて三年を越えて機も熟し、本シリーズの発刊の運びとなった。比較文化論は近年ブームともいえるほど出版されているが、その多くは思いつき程度の表面的な文化比較であり、学術的検証に耐えうるものは少ない。本シリーズは学術的検証に耐えつつ、啓蒙的教養書として平易に理解しやすい形で、知の文化的発信を行おうという試みである。大学およびその付属研究所の使命は、単に閉鎖された空間における学術研究のみにその使命があるのではない。ましてや比較文化研究が閉鎖されたものであって良いわけがない。広く社会にその使命・寄与することこそ最大の使命であろう。勿論、研究所のメンバーはそれぞれ機関誌や学術誌に各自の研究成果を公表しているが、本シリーズにより豊かな成果を社会に問うことを期待している。

二〇〇二年三月

鶴見大学比較文化研究所　初代所長　相良英明

比較文化研究ブックレット近刊予定

■教室での言語テスト評価とフィードバック
　－混合研究法が明らかにする世界－（仮題）

松村　香奈

　外国語としての英語の習熟度を測るテストには、英検やTOEIC、TOEFLに代表される大規模テストと共に、学校の教室で実施されるテストがあります。後者は、教室での指導とテストの作成・評価が循環的に実施されます。本著では、教室での言語テストの作成ならびに点数での量的評価と数字では測れない質的評価を統合した混合研究アプローチでの評価、さらにそれに基づく学習者へのフィードバックについて平易な言葉で解説します。現職教員はもちろん、教職課程履修学生にも読んでいただきたい一冊です。

■変わりゆく言葉
　－英語の歴史変化を中心に－

宮下治政

　世界の言語では音韻・形態・統語・意味など、いろいろな諸相に歴史的な変化が見られることはよく知られています。例えば、現在の英語では否定文は I do not know him. と表現するのに対して、約400年前の英語では I know him not. (Shakespeare, *King Henry V*, Ⅲ. vi. 19) と表現していました。昔の英語と今の英語では、表現の仕方がかなり異なります。英語史における形態統語変化を例に取り上げて、なぜ、どのようにして言葉の変化が起こるのかを紹介していきます。

比較文化研究ブックレット・既刊

No.1 詩と絵画の出会うとき
～アメリカ現代詩と絵画～　森　邦夫

ストランド、シミック、ハーシュ、3人の詩人と芸術との関係に焦点をあて、アメリカ現代詩を解説。

A5判　57頁　602円（税別）
978-4-87645-312-2

No.2 植物詩の世界
～日本のこころ ドイツのこころ～　冨岡悦子

文学における植物の捉え方を日本、ドイツの詩歌から検証。民族、信仰との密接なかかわりを明らかにし、その精神性を読み解く！

A5判　78頁　602円（税別）
978-4-87645-346-7

No.3 近代フランス・イタリアにおける悪の認識と愛
　　　　　　　　　　　　　　　加川順治

ダンテの『神曲』やメリメの『カルメン』を題材に、抵抗しつつも〝悪〟に惹かれざるを得ない人間の深層心理を描き、人間存在の意義を鋭く問う！

A5判　84頁　602円（税別）
978-4-87645-359-7

No.4 夏目漱石の純愛不倫文学
　　　　　　　　　　　　　　　相良英明

夏目漱石が不倫小説？　恋愛における三角関係をモラルの問題として真っ向から取り扱った文豪のメッセージを、海外の作品と比較しながら分かりやすく解説。

A5判　80頁　602円（税別）
978-4-87645-378-8

比較文化研究ブックレット・既刊

No.5 日本語と他言語
【ことば】のしくみを探る　三宅知宏

日本語という言語の特徴を、英語や韓国語など、他の言語と対照しながら、可能な限り、具体的で、身近な例を使って解説。

　　　　　Ａ５判　88頁　602円（税別）
　　　　　978-4-87645-400-6

No.6 国を持たない作家の文学
ユダヤ人作家アイザックＢ・シンガー　大﨑ふみ子

「故国」とは何か？　かつての東ヨーロッパで生きたユダヤの人々を生涯描き続けたシンガー。その作品に現代社会が見失った精神的な価値観を探る。

　　　　　Ａ５判　80頁　602円（税別）
　　　　　978-4-87645-419-8

No.7 イッセー尾形のつくり方ワークショップ
土地の力「田舎」テーマ篇　吉村順子

演劇の素人が自身の作ったせりふでシーンを構成し、本番公演をめざしてくりひろげられるワークショップの記録。

　　　　　Ａ５判　92頁　602円（税別）
　　　　　978-4-87645-441-9

No.8 フランスの古典を読みなおす
安心を求めないことの豊かさ　加川順治

ボードレールや『ル・プティ・フランス』を題材にフランスの古典文学に脈々と流れる"人の悪い人間観"から生の豊かさをさぐる。

　　　　　Ａ５判　136頁　602円（税別）
　　　　　978-4-87645-456-3

比較文化研究ブックレット・既刊

No.9 人文情報学への招待

大矢一志

　コンピュータを使った人文学へのアプローチという新しい研究分野を、わかりやすく解説した恰好の入門書。

Ａ５判　112頁　602円（税別）
978-4-87645-471-6

No.10 作家としての宮崎駿

～宮崎駿における異文化融合と多文化主義～　相良英明

　「ナウシカ」から「ポニョ」に至る宮崎駿の軌跡を辿りながら、宮崎作品の異文化融合と多文化主義を読み解く。

Ａ５判　84頁　602円（税別）
978-4-87645-486-0

No.11 森田雄三演劇ワークショップの18年

―Ｍコミュニティにおけるキャリア形成の記録―　吉村順子

　全くの素人を対象に演劇に仕上げてしまう、森田雄三の「イッセー尾形の作り方」ワークショップ18年の軌跡。

Ａ５判　96頁　602円（税別）
978-4-87645-502-7

No.12 PISAの「読解力」調査と全国学力・学習状況調査

―中学校の国語科の言語能力の育成を中心に―　岩間正則

　国際的な学力調査であるPISAと、日本の中学校の国語科の全国学力・学習状況調査。この2つの調査を比較し、今後身につけるべき学力を考察する書。

Ａ５判　120頁　602円（税別）
978-4-87645-519-5

比較文化研究ブックレット・既刊

No.13 国のことばを残せるのか
　　　　　ウェールズ語の復興　　松山　明子

　イギリス南西部に位置するウェールズ。そこで話される「ウェールズ語」が辿った「衰退」と「復興」。言語を存続させるための行動を理解することで、私たちにとって言語とは何かが、見えてくる。

　　　　　Ａ５判　62頁　662円（税込）
　　　　　　　978-4-87645-538-6

No.14 南アジア先史文化人の心と社会を探る
　―女性土偶から男性土偶へ：縄文・弥生土偶を参考に―　宗䑓秀明

　現在私たちが直面する社会的帰属意識（アイデンティティー）の希薄化・不安感に如何に対処すれば良いのか？先史農耕遺跡から出土した土偶を探ることで、答えが見える。

　　　　　Ａ5判　60頁　662円（税込）
　　　　　　　978-4-87645-550-8

No.15 人文情報学読本
　　　　　　　―胎動期編―　大矢一志

　デジタルヒューマニティーズ、デジタル人文学の黎明期と学ぶ基本文献を網羅・研修者必読の書。

　　　　　Ａ5判　182頁　662円（税込）
　　　　　　　978-4-87645-563-8

No.16 アメリカ女子教育の黎明期
　　　　　共和国と家庭のあいだで　鈴木周太郎

　初期アメリカで開設された３つの女子学校。―相反する「家庭性」と「公共性」の中で、立ち上がってくる女子教育のあり方を考察する。

　　　　　Ａ5判　106頁　662円（税込）
　　　　　　　978-4-87645-577-5

比較文化研究ブックレット・既刊

No.17 本を読まない大学生と教室で本を読む
文学部、英文科での挑戦　深谷　素子

生涯消えない読書体験のために！「深い読書体験は、生涯消えることなく読者を支え励ます」いまどきの学生たちを読書へと誘う授業メソッドとは。

A5判　108頁　662円（税込）
978-4-87645-594-2

No.18 フィリピンの土製焜炉
ストーブ　田中　和彦

南中国からベトナム中部、ベトナム南部、マレーシアのサバ州の資料を概観し、ストーブの出土した遺跡は、いずれも東シナ海域及び南シナ海域の海が近くに存在する遺跡であることが明らかになった。

A5判　90頁　660円（税込）
978-4-87645-606-2

No.19 学びの場は人それぞれ
－不登校急増の背景－　吉村　順子

コロナじゃみんな不登校、そして大人はテレワーク。ならば、学校を離れた学びを認める方向に社会は進む、はず、だが変化を容認しない社会の無意識がそれを阻むかもしれない。一方、実際にホームスクーリングの動きは各地で次々と起きている。

A5判　100頁　660円（税込）
978-4-87645-617-8

No.20 つけるコルセット　つくるコルセット
ロイヤル・ウースター・コルセット・カンパニーからみる
20世紀転換期アメリカ　　鈴木周太郎

コルセットを「つける女性」と「つくる女性」を併せて考察することで、20世紀転換期のジェンダー秩序を、あるいはこの時代そのものより深く理解する手がかりになるのではないだろうか。　A5判　108頁　660円（税込）
978-4-87645-664-2

比較文化研究ブックレット・既刊

No.21 インタラクション能力と評価
―英語での「話すこと(やり取り)」　根岸　純子

英語の先生に読んでほしい！　教員の視点からみた、日本人のインタラクションの特徴と、教室でのインタラクション活動・ディスカッション活動のススメ。

Ａ５判　76頁　660円(税込)
978-4-87645-673-4

No.22 『リトル・ダンサー』からはじめる
映画でめぐるイングランド北部　菅野　素子

イングランド北部ってどんなところ？　さえない天気、さえない景気、さえない人気。ないない尽くしのイングランド北部地方の風景と物語を、人気映画をもとに分析、考察する。

Ａ５判　86頁　660円(税込)
978-4-87645-691-8